민주주의의 모험

민주주의의 모험
대립과 분열의 시대를 건너는 법

THE ADVENTURE OF DEMOCRACY

신기욱 지음

"민주주의는 좋다.

다른 제도들이 더 나쁘기 때문에 이렇게 말하는 것이다."

• 자와할랄 네루Jawaharlal Nehru(인도의 정치가)

"정말이지 민주주의는 최악의 정부 형태다.

그동안 채택되었던 다른 모든 정부 형태를 제외한다면."

• 윈스턴 처칠Winston Churchill(영국의 정치가)

책머리에

민주주의는 현실적으로 완벽한 정치
체제가 아니고 불변의 이데올로기도 아니다. 수많은 장애물과 모
순을 안고 있다. 따라서 새로운 모험을 통해 하나씩 장애물을 넘
어서고 모순을 해결해가면서 점진적으로 발전해가는 체제라고 할
수 있다. 이 과정에서 위험이나 위기에 처하기도 하고 때때로 일시
적인 후퇴를 겪기도 하지만, 이에 굴하지 않고 '보물'을 찾아가는
'톰 소여의 모험'과도 같다.

한국은 오랜 기간 위험을 무릅쓰고 권위주의 체제와 싸워 민
주화를 이루어냈다. 지금도 비자유주의, 포퓰리즘, 정치적 양극화
와 같은 민주주의를 위협하는 요소들과 싸워야 한다. 더구나 현재

의 싸움은 한국에 국한되지 않고 글로벌한 현상이 되었다. 중국, 러시아 등 '샤프 파워'에서 자유민주주의를 지키기 위한 국제 연대가 중요해진 이유다. 국내외적으로 더 큰 모험과 노력이 필요한 시점이라고 할 수 있다.

이 책은 이런 맥락에서 민주주의의 의미와 전망을 염두에 두면서 쓴 것이다. 최근 한국에서는 민주주의의 현주소와 미래에 대해 회의적인 사람들이 결코 적지 않다. 진영 논리가 판을 치고 사회는 분열되어 있으며 정치는 실종되어가고 있기 때문이다. '한국 민주주의는 제대로 작동하고 있는가?'라는 의구심이 크게 늘어나고 있는 것이 정직한 현실 인식이라고 할 수 있다.

나는 이러한 회의론에 대해 민주주의는 꾸준한 모험을 통해 발전되는 것이라고 생각한다. 여러 불안정성과 위기가 있지만, 한국 민주주의는 결국 정상적인 경로를 향해 나아갈 것이라는 믿음이 있기 때문이다. 이 책은 정치에서부터 외교, 안보, 경제, 사회, 문화 등에 이르기까지 한국 민주주의가 어디에 서 있고, 어떤 모험을 통해 앞으로 나아갈 것인지를 살펴보고 있다.

이 책에서 나는 비판적 지식인의 시각에서 한국 민주주의의 모험을 살펴보려고 한다. '구동존이'의 정신이나 정치적 리더십의 회복을 강조하고, 민족주의의 한계나 문화적 다양성의 중요성을 지적하는 것도 이러한 의도에서다. 또한 정치나 외교안보 이슈를 논하는 데 진영 논리에 매이지 않으려고 노력했다. 한국에서는 진영 논리를 벗어나는 것이 어렵다는 것을 잘 알고 있기에 오히려 나처럼 해외에 있는 이들이 나름 기여할 공간이 있겠다고 생각했다. 나는 지식인으로서 역할을 할 뿐이고 정치 참여에는 관심이 없다. 이 책을 정치적으로 또는 진영 논리로 해석하지 않았으면 좋겠다.

이 책은 내가 한국어로 쓴 두 번째 책이다. 2015년 가을부터 2016년 봄까지 한국에서 안식년을 보내면서 느꼈던 경험을 토대로 쓴 『슈퍼피셜 코리아』 이후 6년 만인 셈이다. 2022년 4월부터 2023년 3월까지 1년간 『신동아』에 연재한 글을 토대로 했다. 여기에 스탠퍼드대학 프랜시스 후쿠야마 교수와 경희대학교 안병진 교수와 나눈 인터뷰를 보탰다.

이 책을 내기까지 많은 분이 도와주고 격려해주었다. 원고의 편집을 담당했던 『신동아』 고재석 기자는 자기 글처럼 꼼꼼히 읽은 후 피드백을 통해 긍정적인 에너지를 전해주었다. 원고를 쓸 때마다 용기를 주었을 뿐만 아니라 세심하게 검토하고 조언을 해준 대학 동기이자 오랜 벗으로 지적 교류를 해온 연세대학교 김호기 교수의 도움도 매우 컸다. 또 원고를 가다듬는 데 도움을 준 스탠퍼드대학 아시아태평양연구소의 헤일리 고든Haley Gordon, 아이린 경Irene Kyoung, 레이먼드 하Raymond Ha와 그동안 나를 아껴주고 응원해준 한국의 친구들과 지인들에게도 일일이 거명은 못하지만 깊은 감사의 마음을 전한다.

2023년은 나한테는 여러 면에서 매우 뜻깊은 해다. 미국 유학을 위해 한국을 떠난 지 40년이 된 해이자, 마침 내가 소장으로 있는 스탠퍼드대학 아시아태평양연구소가 설립된 지도 40년이 된 해다. 그간 재미在美 학자로 수십 년을 살아왔지만 나를 키워준 고국에 대한 감사한 마음은 늘 잊지 않았고 한국인임을 자랑스럽게 생각했다. 이 책이 대한민국에 대한 나의 조그마한 보답이 되기를 진심으로 바란다.

2023년 5월

미국 스탠퍼드대학에서

신기욱

차 례

책머리에 • 6

제1장 | **민주주의와 리더십**

민주주의의 위기

2020년 대선과 2022년 대선 • 17 | 민주주의의 쇠퇴 • 20 | 정치적 양극화와 탈진실의 시대 • 25 | 정치적 협상과 정치적 리더십 • 28 | 민주주의는 회복할 수 있을까? • 31

리더십의 위기

지도자의 무능력과 정치력의 부재 • 34 | 네오콘과 시장 친화적 경제정책 • 37 | 미국은 두 개의 나라가 되었다 • 39 | 무엇이 공정과 상식인가? • 44 | 관용과 권력의 절제 • 46

민주주의와 리더십의 회복을 위해

민주주의 쇠퇴가 바닥을 쳤다 • 51 | 비자유주의, 포퓰리즘, 정치적 양극화 • 54 | 제4의 민주화 물결 • 56 | 민주주의가 반등하려면 • 59 | 포지티브섬 사회 • 63

제2장 | 자유주의와 안보

한일 갈등을 어떻게 풀 것인가?

국수주의적 반일 감정 • 69 | 한국 민족주의의 계보와 성격 • 71 | 국수주의
와 포퓰리즘의 토양 • 75 | 민족주의의 과잉과 자유주의의 빈곤 • 78 | 집단
의 논리가 지배하는 사회 • 81

우크라이나 전쟁과 민주주의 연대

러시아의 우크라이나 침공 • 84 | 푸틴의 잔혹한 전쟁범죄 • 87 | 샤프 파워
의 위협 • 89 | 중국과 러시아의 느슨한 협력 • 92 | 무임승차는 없다 • 95 |
국제질서의 변곡점 • 97

중국은 미국을 추월하지 못한다

투키디데스의 함정 • 100 | 중국제조 2025와 중국몽 • 103 | 미국 우선주의
와 '메이드 인 아메리카' • 105 | 팍스 아메리카나는 지속될 것이다 • 108 |
미국의 제국주의적 DNA • 113 | 외교는 총성 없는 전쟁 • 115

북한 인권 문제를 어떻게 할 것인가?

민주주의가 역행하고 있다 • 119 | 북한 주민들의 슬픈 현실 • 122 | 북한을
악마화해서는 안 된다 • 124 | 인권은 보편적 이슈다 • 127 | 북한 인권에 대
한 우리의 원칙 • 131

제3장 | 다양성과 혁신

슈퍼 네트워크의 위험과 다양성의 가치

'박스에서 나오는' 사고 • 139 | '어퍼머티브 액션' 논쟁 • 142 | 다양성에 대한 존중 • 144 | 혁신은 문화다 • 147 | 순혈주의와 동화주의를 넘어 • 150

대학의 힘

미국의 힘은 어디에서 나오는가? • 156 | 상생의 생태계 • 158 | 대학은 공부만 하는 곳이 아니다 • 162 | 지속 가능한 대학 • 166 | 대학의 미래 • 169

글로벌 인재를 유치하라

글로벌 인재 유치 전쟁 • 173 | 초저출산 국가와 초고령 사회 • 176 | 두뇌 유출과 두뇌 유치 • 179 | 다음 세대의 아이폰을 누가 만들 것인가? • 182 | 글로벌 인재가 성장 동력이다 • 184 | 혁신과 창조의 시대 • 187

제4장 | 문화와 미래

K-컬처와 문화의 힘

K-팝이 대중의 마음을 사로잡았다 • 193 | 아시아의 다음 거인 • 195 | 코리아 디스카운트 • 198 | K-컬처에는 장벽이 없다 • 200 | 시대정신을 반영하다 • 202 | 소프트 파워로 자리 잡기 위해 • 205

미래는 인도에 있다

인도 디아스포라의 성공 비결 • 210 | 인도의 '두뇌 연결' • 213 | 인도의 문화적 · 민족적 연대 의식 • 217 | 새로운 아르고호의 선원 • 219 | 인도는 중국을 넘어설까? • 222

기후변화와 에너지 위기를 극복하는 법

인류는 기후 지옥으로 가속페달을 밟고 있다 • 226 | 에너지 자립도가 낮은 경제 구조 • 230 | 환경과 성장의 상호 융합 • 232 | 단 한 사람도 소외되지 않는 것 • 235 | 지속 가능한 포용적 사회를 위해 • 238

인터뷰 1 신기욱-프랜시스 후쿠야마 • 242

인터뷰 2 신기욱-안병진 • 264

참고문헌 • 284

제1장
민주주의와 리더십

민주주의의
위기

2020년 대선과
2022년 대선

한국의 2022년 대선과 정권 인수 과정을 보는 마음은 다소 착잡했다. 새로운 정부가 들어섰지만 희망과 기대로 마음이 설레기보다는 걱정이 앞섰다. 더구나 2022년의 한국과 2020년의 미국 상황은 너무나 흡사해 놀랍기까지 하다. 미국 민주주의가 도널드 트럼프Donald Trump 정부 시기를 거치며 퇴보했다면, 한국 민주주의 역시 문재인 정부를 거치며 후퇴해왔다. 그 결과가 2022년 대선과 정권 인수 과정에서 고스란히 나타났다. 윤석열 정부는 과연 한국 민주주의를 회복시킬 수 있을까?

이 질문에 답하기 위해 최근 10년간 진행되어온 한국 민주주의의 후퇴를 비교적 관점에서 검토하고, 새로 닻을 올린 정부의 역사적 사명을 외부의 시각에서 이야기하려고 한다.

첫 번째는 트럼프 대 반反트럼프 대립 구도로 치러진 2020년 미국 대선처럼, 2022년 한국 대선도 현 집권 세력과 반대 세력 사이의 극한 대치 속에 치러졌다. 애초부터 정책 비전이나 이슈가 논의될 공간은 없었다. 야당의 연합전선이 힘겹게 신승한 점도 비슷하다. 조 바이든Joe Biden이나 윤석열이 야당 후보가 된 것은 새로운 비전이나 리더로서 매력이 있었다기보다는 그들이 정권교체의 최적임자였기 때문이다. 한미 대선에서 공히 네거티브 캠페인이 기승을 부렸고, 미래에 대한 청사진보다는 현 정부를 심판하는 데 초점이 모였다. 트럼프가 단임에 그쳤듯 민주당은 5년 만에 보수 야당인 국민의힘에 정권을 넘겨주었다.

두 번째는 선거 초반 낙승이 예상되던 트럼프가 패배한 것처럼 한국의 여당 역시 역전패한 점이다. 2020년 초만 해도 트럼프의 재선은 무난해 보였다. 반면 당시 야당이던 미국 민주당은 후보가 난립한 상황이었다. 하지만 급작스레 들이닥친 코로나19 팬데믹으로 인해 불리한 정치 환경이 조성되었고, 조 바이든을 총사령관으로 내세운 야당 연합군에 정권을 내주었다. 한국의 여당인 민주당은 2018년 지방선거, 2020년 총선 등 연이은 승리로 손쉽게 정권을 재창출할 것으로 보였다. 일각에서는 '20년 집권론'까지 나왔다. 하지만 부동산 등 민생 정책의 실패와 '내로남불'로 대표되는 도덕적 해이 등으로 민심이 이반하면서 거센 정권교체의 바람을 극복하지 못했다. 더구나 그 바람의 주역이 자신들이 임명한 검찰총장 출신의 후보였다는 점에서 여당이 받은 충격은 더 컸을 것이다.

세 번째는 대선 직후 새 정부의 운명을 가를 수도 있는 중요한 선거가 있었다는 점이다. 미국에서는 바이든 정부 출범 직전 조지아주에서 상원의원 선거가 치러졌다. 격전 끝에 민주당이 2석 모두 석권하면서 하원에 이어 상원을 장악해 힘겹게 정국 운영의 동력을 확보했다. 한국에서도 새 정부가 들어선 후 한 달도 채 지나지 않은 시점인 6월 1일 지방선거가 실시되었다. 국민의힘은 대선에서는 신승했지만 국회에서는 여소야대 상황에 처해 있었다. 그러나 지방선거에서 압승하면서 새 정부의 국정 운영 동력이 어느 정도 확보되었다.

네 번째는 선거 패배를 쉽게 인정하지 못하거나 정권 인수 과정이 매끄럽지 못한 점이다. 트럼프는 소송전을 전개하며 끝까지 대선 패배를 인정하지 않았고, 극렬 지지자들이 무력으로 의사당을 점거하는 초유의 사태가 발생했다. 한국에서는 개표가 끝나기도 전에 이재명 후보가 깨끗하게 승복했다. 이에 한국이 미국보다 낫다는 안도감과 희망을 가졌다. 하지만 대통령 집무실 용산 이전, 추경 예산, 주요직 임명 등 중요 사안마다 신구 권력이 충돌하며 정권 인수가 매끄럽지 못한 점은 미국과 엇비슷하다.

마지막으로 법치주의라는 미명하에 민주적 정신과 규범을 저버린 점이다. 트럼프가 그간의 정치적 관행을 무시하고 선거 직전에 대법관 임명을 강행한 것처럼, 문재인 역시 정권 이양기에 감사위원 등 주요 직책을 임명하려고 했다. 청와대의 항변처럼 아직은 현직 대통령에게 법적으로 임명제청권이 있는 것은 명백한 사실이다. 그러나 민주적 규범이나 관행에 비춰보면 차기 대통령에게 권한을 이양하거나 최소한 동의를 구한 후 임명제청 절차를 거치는 것이 맞다.

민주주의의
쇠퇴

대선과 정권 인수 과정에서 나타난 혼란과 갈등은 일시적 현상이나 우연이라고 할 수 없다. 한미 모두 지난 수년간 진행되어온 민주주의 퇴보의 결과라는 점에서 심각하게 받아들여야 한다. 미국 민주주의의 후퇴는 지식인 사회에서 매우 중요한 화두다. 래리 다이아몬드Larry Diamond, 프랜시스 후쿠야마Francis Fukuyama 등 미국 스탠퍼드대학 동료 교수들도 적극적으로 우려의 목소리를 냈다. 나 역시 그간 한국 민주주의의 역행에 대해 심각한 주의를 기울여야 한다고 주장해왔다. 나는 한국 민주주의가 '가랑비에 옷 젖듯' 무너지고 있다고 경고했다. 2020년

7월 『저널 오브 데모크라시The Journal of Democracy』에 발표한 논문을 통해 이러한 한국의 상황을 '민주주의의 쇠퇴Democratic Decay'이라는 개념으로 정리한 바 있다.

1980년대 후반 이후 아시아에서 선도적으로 민주화를 이끌어온 한국은 2010년대 이후 민주주의가 퇴보하는 경향을 보여왔다. 2013년에 출범한 박근혜 정부는 '박정희식 권위주의'로 후퇴했고, 결국 대통령 탄핵과 정부의 불명예 퇴진이라는 결과에 직면했다. 21세기 한국 사회에서 '박정희식 권위주의'라는 낡은 모델은 민주화되고 다원화된 시민사회와 내내 긴장할 수밖에 없었다.

2016~2017년에 진행된 촛불집회는 이러한 긴장 관계의 분수령을 이루었다. 1980년대 말 이후 한국 민주화 과정에서 드러난 특징이 촛불집회에서도 여지없이 나타났다. 그것은 '국가 대 시민사회의 대결 구도'의 표출이었다. 즉, 정치사회 내 정당들 간의 대결 구도라기보다 정치사회를 포함한 '국가 대 시민사회의 대결 구도'였다. 당시 촛불집회를 통해 한국의 시민사회는 권위주의 국가를 다시 한번 거부하고 퇴출시킨 셈이다.

문제는 촛불집회 이후 등장한 문재인 정부의 통치였다. 스스로 '촛불혁명 정부'라고 자부했던 문재인 정부는 아이로니컬하게도 바로 이 민주주의와 다시 긴장을 이루었고, 결국 민주주의의 후퇴를 가져왔다. 2022년 대선과 정권 인수 과정에서 나타난 퇴행적 모습은 이런 역사적 맥락에서 이해해야 한다. 더욱 구체적으로는 민주주의의 쇠퇴를 가져온 다음의 세 가지 연관된 이슈를 깊이 성찰해볼 필요가 있다.

먼저 자유주의의 빈곤이다. 내가 『한국 민족주의의 계보와 정치』에서 논의한 대로 한국은 근대로 이행하는 과정에서 식민지와 분단을 겪으며 과도한 민족주의를 경험했다. 집단의 논리와 단결의 힘을 강조하는 민족주의의 힘에 밀려 개인의 자율성과 권리를 강조하는 자유주의는 역사적으로 뿌리내리기 어려웠다. 과거 권위주의 정권의 반공주의나 문재인 정부의 국수주의적 반일주의 모두 매우 강한 흡인력을 가진 민족주의에 기댄 바가 크다.

한국이 1980년대 말 이후 법치적 민주주의를 이룬 것은 분명한 사실이고 과거의 권위주의로 회귀할 가능성은 희박하지만, 자유민주주의liberal democracy를 확립했다고 하기는 어렵다. 정치학자 야스차 뭉크Yascha Mounk가 『위험한 민주주의』에서 지적했듯 법치주의가 반드시 자유민주주의를 의미하는 것은 아니다. 따라서 법치주의라는 절차적 정당성을 확보한다고 해도, 민주적 정신과 규범이 지켜지지 않으면 자유민주주의는 유지될 수 없다. 미국 정치학자인 스티븐 레비츠키Steven Levitsky와 대니얼 지블랫Daniel Ziblatt이 『어떻게 민주주의는 무너지는가』에서 한 경고에 귀를 기울여야 한다. 혁명이나 쿠데타가 아니어도 민주주의 절차에 따라 선출된 지도자에 의해 민주적 정신과 규범이 훼손되면 민주주의는 서서히 고사한다.

미국도 한국도 예외가 아니다. 민주적 정신과 규범의 핵심인 상호존중mutual tolerance과 권력의 절제forbearance가 이루어지지 않으면 형식적 법치주의만으로는 자유민주주의를 지킬 수 없다. 관용과 타협보다 증오와 대립의 정치가 앞서고, 권력 행사가 균형이 아닌 남용으로 미끄러지면 민주주의의 쇠퇴는 필연적 결과가 된다.

한국은 불행하게도 과거 민주화 운동을 했던 세력에 의해 민주주의가 후퇴하는 아이러니가 발생했다. 진보적 정치학자인 안병진 경희대학교 교수에 따르면, 문재인 정부의 중추를 이룬 이들은 독재정권과 싸워 민주화를 쟁취하는 데는 공헌을 했지만, 자유주의를 학습하거나 경험할 기회가 없었다. 즉, 개인의 자유와 권리, 상호존중과 관용 같은 자유민주주의의 정신과 규범을 내재화하지 못했다. 또 다수주의와 민주주의를 혼동했다.

한국 민주주의 연구의 권위자인 최장집 고려대학교 명예교수는 과거 운동권 세력은 정권을 잡은 후에도 야당을 국정의 파트너로 삼기보다는 여전히 독재정권과 싸우듯이 대하고 대립과 분열의 정치를 했다고 일갈했다. 한국 민주화 과정에서 중요한 역할을 담당했던 진보적 시민사회는 권력 감시기구라는 본연의 모습을 버리고 청와대와 내각에 포진하며 권력의 파이프라인이 되었지만, 부동산·소득주도성장·탈脫원전 등 정책 시행 결과는 처참한 실패였다. 그럼에도 '촛불혁명 정부'를 자처하며 철 지난 도덕적 우월감에 취해 야당을 비롯한 반대 세력을 구악舊惡으로 규정했다. 민주주의를 업그레이드하기는커녕 외려 퇴행시켰다. 한국의 정치는 진영 논리에 따라 선과 악의 진흙탕 싸움터로 변질되었다. 그 결과는 2022년 대선에서 무한 네거티브 캠페인으로 더욱 극명하게 드러났다.

　　한국 정치의 포퓰리즘화는 민주주의의 쇠퇴를 가져온 또 다른 중요한 요소다. 세계 곳곳에서 표출되는 21세기 포퓰리즘은 그 이전의 인기 영합적 포퓰리즘과는 성격이 다르다. 미국 프린스턴 대학의 정치이론가인 얀 베르너 뮐러Jan Werner Muller는 『누가 포퓰리스트인가』에서 21세기 포퓰리즘의 특징을 반反엘리트주의와 반反다원주의로 규정했다.

　　쉽게 말해 기득권을 공격하는 것이 반엘리트주의라면, 다른 세력과의 공존을 거부하는 것이 반다원주의다. 반엘리트주의는 다시 정당정치에 대한 혐오로, 반다원주의는 상대 정치세력의 악마화로 나타난다. 여기에 정보사회의 진전과 소셜미디어의 발달로 포퓰리스트 리더와 지지자들 간의 직접 소통을 가능하게 한 '직거래주의' 또한 21세기 포퓰리즘의 주요 특징이다. 한국에서는 문빠, 개딸, 박사모, 태극기부대 등이 포퓰리즘의 전형이고, 미국에서는 '트럼피즘'이 포퓰리즘의 대표적 사례다.

정치적 양극화와
탈진실의 시대

　　　　　　　문재인 정부의 비자유주의적 포퓰리즘
의 성격을 가장 선명히 드러낸 것은 '적폐청산'이다. 적폐란 '앙시
앵레짐Ancien Régime'을 뜻한다. 낡은 질서는 당연히 도태되어야 한
다. 부패하고 불법을 저질렀다면 처벌받아 마땅하다. 문제는 정치
사회와 시민사회 안에서 낡은 질서와 새로운 질서 사이의 경계가
모호하다는 점이다.

　　또 독일의 위르겐 하버마스Jürgen Habermas가 말한 '자기제
한성self-limitation'을 가져야 했다. 낡은 질서를 해체하는 데 반드시
필요한 과제는 추진하되 가급적 빨리 마무리한 뒤 새로운 사회통
합을 추구했어야 했다. 안타깝게도 문재인 정부의 적폐청산은 전
방위적으로 오랫동안 지속되었고, 이 과정에서 다원적 자유민주
주의를 위축시켰다.

　　2022년 대선은 이러한 정치사회 환경 속에서 치러졌다. 진
보적 사회학자인 김호기 연세대학교 교수의 주장처럼 2022년 대
선은 민주화 시대 이후 처음으로 '민주주의 대 권위주의'가 아닌
신구 기득권 간 싸움이라는 프레임을 형성했다. 그래서 타협과 협
치를 중시하는 전통적 의미의 민주주의 지도자보다 여의도 정치
문법과 거리가 멀고 반反기득권 세력과 싸우는 아웃사이더 '스트
롱맨'을 선호했다. 스트롱맨은 대화와 조정의 정치력보다 결단과

추진의 실행력을 중시한다. 이재명과 윤석열이 여당과 제1야당의 후보가 된 것은 우연이 아니다. 이들은 한결같이 상대방을 '낡은' 기득권 세력 또는 '새로운' 기득권 세력이라고 공격했고, 상대방과의 공존을 거부했다.

2008년 금융위기 이후 전 지구적 차원의 화두는 불평등, 다시 말해 경제적 양극화의 강화였다. IMF나 OECD 모두 경제적 양극화 해소의 중요성을 역설했다. 그런데 경제적 양극화 못지않게 주목할 대목은 정치적 양극화다. 경제적 양극화와 동전의 다른 면을 이루는 정치적 양극화로 전 지구가 몸살을 앓고 있다. 한국도 이러한 흐름에서 자유롭지 못해서 자유주의의 빈곤과 포퓰리즘의 부상은 정치적 양극화를 촉진했다. 문빠와 태극기부대, 서초동 집회와 광화문 집회로 나타난 극렬한 대립은 정치적 양극화가 한국의 '뉴 노멀New Normal'로 자리 잡고 있음을 보여준다.

개인 간, 집단 간 상호 불신이 커지고 흑백 논리와 진영 논리가 득세하며 곳곳에서 민주주의 후퇴의 징후가 나타났다. 구동존이求同存異나 '견해 차이Agree to disagree'라는 다원적 규범은 사라지고 오직 내편과 네 편만이 존재할 뿐이다. 비자유주의와 포퓰리즘에 내재한 반다원주의와 반엘리트주의의 결과, 정치사회는 공통의 정서와 신념으로 무장한 진영이 벌이는 권력 쟁취를 위한 무자비한 전쟁터로 전환된다. 승자독식의 막강한 대통령제를 갖고 있는 한국에서 정권 재창출이나 정권교체냐의 프레임의 강도는 더

클 수밖에 없다.

이러한 진영 전쟁은 제임스 헌터James Hunter가 개념화한 '문화 전쟁'이나 프랜시스 후쿠야마가 지적한 '정체성의 정치'로 구현된다. 헌터는 '결정적 이슈hot button issues', 예컨대 낙태·정교 분리·동성애·총기 소지 등을 쟁점으로 미국 사회가 둘로 나뉘었다고 분석한 바 있다. 문화 전쟁의 원인이나 양상은 다양하게 나타난다. 불평등에 대한 경제·사회 정책, 소수자에 대한 사회적·문화적 포용, 승자독식이냐 합의주의냐의 정치제도 간 차이가 그 양상과 강도를 결정한다.

이러한 문화 전쟁은 '정체성의 정치'로 나타나면서 엄청난 폭발력을 발산한다. 정체성이란 '나는 누구인가?'라는 질문에 응답하는 사유·감정·이념을 뜻한다. 종교, 인종, 민족, 젠더에 이르기까지 자신의 정체성을 구성하는 요소가 훼손되는 현실에 분노하고 저항하는 정체성의 정치가 기존 정치제도를 대체하고 있다. 이는 21세기에 두드러진 현상이다.

이러한 정체성의 정치를 고려할 때에만, 보고 싶은 것만 보고 듣고 싶은 것만 듣는 '정치적 팬덤주의'를 제대로 독해할 수 있다. 21세기 탈진실post-truth의 시대에는 객관적 사실보다 주관적 신념이 중요하다. 정치적·문화적 정체성을 구성하는 주관적 신념은 경제적 이익 못지않게 시민들의 사고와 행위에 결정적 영향을 미친다.

한국에서도 문화 전쟁이나 정체성 정치의 강도가 갈수록 높아지고 있다. 진보 진영의 팬덤 정치, 보수 진영의 젠더 정치도 이런 맥락에서 볼 때 놀라운 일은 아니다. 진영 간 팬덤은 노사모, 문빠, 개딸이나 박사모, 태극기부대, 이대남 등으로 진화했다. 관용과 공존, 타협의 지대는 점점 협소해지고 있다. 2022년 대선의 성패가 0.73퍼센트포인트(24만 7,077표)라는 간발의 차이로 갈린 점은 양극화된 한국의 현실을 적나라하게 보여준다. 정권 연장이냐 교체냐를 놓고 한국 사회는 완전히 '두 개의 나라'로 쪼개진 것처럼 보였고, 정치적 양극화의 심화는 한국 민주주의의 전망을 어둡게 하고 있다.

2017년 "기회는 평등, 과정은 공정, 결과는 정의로울 것"이라며, "한 번도 경험하지 못한 나라"를 만들겠다던 문재인 정부, 앞의 말은 틀렸지만 뒤의 말은 맞았다. 한국은 한 번도 하지 못한 새로운 경험을 했다. 그 결과로 가랑비에 젖어가던 한국 민주주의는 2022년 대선 기간 소나기에 흠뻑 젖었다. 어쩌면 거대한 태풍을 마주해야 할지도 모른다.

정치적 협상과
정치적 리더십

여당이 상·하원을 장악한 바이든 정부에 비해 윤석열 정부는 훨씬 더 열악한 조건에서 임기를 시작하게 되었다. 여소야대의 국회는 물론 진보적 시민단체, 노동계 등의 '거리 정치'와도 마주하게 될 것이다. 더구나 정치 베테랑인 바이든에 비해 윤석열의 정치력은 아직 검증되지 않았다. 적어도 해외에 비치는 정치지도자로서 윤석열의 이미지도 아직은 긍정적이지 않다. 그는 강골 검사, 반反페미니즘, 반反중국으로 투영되고 있다. 바이든과 같은 전통적 의미의 자유민주주의 지도자상과는 거리가 멀다. 스트롱맨의 이미지가 후보가 되는 데는 도움이 되었는지 몰라도 민주사회를 운영해나가는 정치지도자로서는 바람직하지 않다. 윤석열이 국제사회에서 리더로 활약하기 위해서는 이미지 개선은 물론 이를 뒷받침할 정책 마련이 시급하다.

우선 윤석열은 정치 기반이 취약할 뿐만 아니라 해외에는 거의 알려지지 않은 인물이다. 2021년 여름 정치에 뛰어든 후 대선을 거치며 빠르게 정치인으로 변신했지만, 여전히 검찰총장의 모습이 더 어울릴 때도 많다. 그는 부패 청산과 권력에 굴하지 않는 강직한 검사로 인기를 얻었고 대통령이 되었다. 다원화된 민주사회에서는 최고지도자의 쾌도난마식 결정이 여러 부작용을 낳을 수 있다. 대통령 집무실 용산 이전 문제만 해도 비협조적인 청와대가 못마땅해도 여론을 수렴하고 현 정권의 지원을 얻는 노력을 충분히 했는지 곱씹어봐야 한다. 국정을 수행하는 데 거대 야당과 진보적 시민사회의 막강한 견제와 거센 도전을 감수하려면 여론 수렴, 정치적 협상, 조정과 타협, 권력 사용을 절제할 줄 아는 정치적 리더십을 갖춰야 한다. 임명직 관료인 검사와 선출직 정치인인 대통령은 그 역할과 임무가 다르다.

윤석열 정부가 문재인 정부의 실패를 답습하지 않으려면 '법과 원칙'을 강조하는 것만으로는 충분하지 않다. 법치주의는 민주주의의 필요조건이기는 하지만 충분조건은 아니다. 법치주의에 터를 잡되 상대를 인정하는 관용과 권력의 절제 등 민주적 정신과 규범에 대한 깊은 성찰과 강한 실천 의지가 있어야 한다. 상대를 악으로 규정하고 처벌하는 신新적폐청산의 유혹에서 벗어나야 한다. 인내를 갖고 국민과 야당을 설득해야 한다. 구동존이의 자세로 국정을 운영해야 한다. 일부에서 우려하듯 새 정부 출범으로 기존의 '운동권 공화국'이 '검찰 공화국'으로 변한다면 한국 민주주의는 더욱 후퇴하고 말 것이다. 문재인 정부의 실패에서 교훈을 얻어야 한다.

반페미니즘 이미지에서도 하루속히 벗어나야 한다. 여성가족부 폐지를 공약하는 등 이대남의 표를 얻겠다는 젠더 전략은 여성 표의 이탈을 가져와 결국 성공하지 못했다. 외려 윤석열의 반페미니즘 이미지만 강화시켰다. 윤석열 정부는 민주당과 진보언론의 프레임이라고 항변할지 모르지만 해외에서 보는 시각은 그렇지 않다. 실례로 프랑스 유력 통신사인 AFP는 한국 대선 직후 올린 첫 기사에서 윤석열을 "반페미니즘 정치 신인"으로 규정했다. 많은 국제 언론도 비슷한 논조를 이어갔다. 글로벌 사회에서 페미니즘이나 성정체성 문제는 매우 민감한 이슈다. 반페미니즘 이미지가 고착화할 경우 글로벌 리더로 국제 무대에서 활약하는 데 큰 제약이 된다.

　마지막으로 국수주의적 반중국의 이미지를 극복해야 한다. 중국 베이징 동계올림픽 개막식에서 조선족의 한복 착용이 논란이 되었을 때 반중국 정서에 편승한 것이나 당선이 되면 사드 THAAD(고고도미사일방어체계)를 더 배치하겠다고 한 강경 발언 등은 신중하지 못했다. 2002년 대선에서 노무현 후보가 반미 정서를 자극했던 것을 상기시킨다. 이로 인해 노무현 정부 초기 한미 관계는 어려운 시기를 보내야 했다. 문재인 정부가 '토착왜구' 운운하며 반일 감정을 정치에 이용한 것처럼 윤석열 정부가 반중 정서를 정치에 활용하려는 유혹에 빠져서는 안 된다. 문재인 정부에서 한일 관계가 최악에 빠진 것을 반면교사로 삼아야 한다. 아무리 국민 정서가 중요하고 중국이 못마땅한 점이 많다고 해도 국익 차원에서 차분하게 접근해야 한다. 윤석열이 강조하는 실용주의가 외교안보 분야에도 적용되어야 한다.

민주주의는
회복할 수 있을까?

　　　　　　　미국의 바이든처럼 한국의 윤석열은 사회적 분열과 정치적 갈등을 치유할 숙제를 부여받았지만, 정권 인수 과정에서부터 구 권력과의 파열음이 커지며 집권 초 허니문은 기대하기 어려웠다. 집권 초 70퍼센트대의 지지율을 구가하던 전임 정부들과는 달리 윤석열 정부에 대한 국민의 기대치도 50퍼센트에 못 미쳤다. 이는 트럼프의 재집권을 막는 데는 성공했지만 정치와 정책 등 모든 분야에서 고전했던 바이든의 모습과 오버랩된다. 집권 2년째를 맞는 그의 지지율은 40퍼센트에 머물며 트럼프에 이어 역대 두 번째로 최저치였다. 이대로 가면 바이든의 실패가 트럼프를 다시 백악관으로 불러들일 수 있다는 우려의 목소리가 커진다. 윤석열의 당선이 정권교체를 가져왔지만 반드시 한국 보수의 승리를 의미하는 것은 아니다. 윤석열 정부의 실패는 좌파 정부의 부활을 가져올 수 있다. 윤석열의 역사적 사명이 크다.

2022년 한국 대선은 해외 언론에서도 큰 주목을 받았다. 내가 인터뷰한 외신外信, 즉 주요 일간지나 방송사와 통신사 외에도 유럽의 유수한 중도·리버럴 잡지인 독일『슈피겔』, 영국『뉴 스테이츠먼The New Statesman』과『가디언』, 스웨덴의 공영방송 등이 있는데, 이들은 한국 대선과 관련한 특집 분석 기사를 냈다. 서구 지식인 사회의 담론을 주도하는 이들이 주의 깊게 본 점은 문재인 정부에서 임명된 검찰총장 출신의 야당 후보 당선이 한국 민주주의의 미래에 어떤 의미가 있는지였다. 미국과 유럽을 비롯한 서구 사회에서 민주주의가 위협에 처해 있는데, 동아시아 민주화의 선도국이던 한국이 과연 민주주의를 회복할 수 있을지에 대한 관심이 큰 것이다.

　한국 민주주의를 조금씩 적셔가던 가랑비는 2022년 대선과 권력 이양 과정에서 거친 소나기로 변했다. 윤석열호가 그동안 훼손되어온 한국 민주주의를 악성 호우에서 구해낼 수 있을지 해외 언론과 지식인 사회에서도 관심 있게 지켜볼 것이다.

리더십의
위기

지도자의 무능력과
정치력의 부재

　　"차마 이재명을 찍을 수는 없어서 윤석열을 찍었는데 잘할까요?" "글쎄요. 아직 취임한 지 한 달밖에 안 되었는데, 최소한 1년은 지켜봐야 하지 않을까요?" 2022년 6월에 한국을 방문했을 때 지인들과 사석에서 나눈 대화 내용이다. 정권교체를 위해 썩 내키지는 않지만 윤석열을 지지했던 사람들이 내비친 복잡한 심경이다. 그들이 바라던 정권교체가 되었고 새 정부가 출범했지만 기대와 우려가 교차한다는 속내를 토로한 것이다. 그로부터 한 달여가 지난 7월 말, 이들의 우려는 현실로 나타났다. 집권 세력은 자중지란에 빠졌고, 출범 2개월 만에 윤석열의 국정 수행 지지율은 20퍼센트대로 떨어졌다. 다시 선거를 치른다면 이재명을 찍겠다는 비율이 50퍼센트가 넘는다는 조사도 있었다.

놀랍게도 이것은 2021년 조 바이든 정부가 들어선 직후 미국에서 지인들과 나누었던 대화나, 그 이후 전개 상황과 너무도 흡사해 섬뜩하기까지 하다. 당시 대화를 나눈 지인들도 트럼프를 찍을 수는 없어서 바이든을 지지했다. 그럼에도 새 행정부에 기대 반 우려 반의 심정을 가졌다. 바이든이 취임한 지 18개월이 지나고 나서 우려는 현실로 다가왔다. 바이든의 국정 수행에 대한 지지율은 30퍼센트대에 머물렀고, 민주당 지지층에서는 2022년 11월 8일 중간선거에서 상·하원 다수당 지위를 공히 공화당에 내줄 것이라는 염려가 커졌다. 오늘 투표한다면 바이든보다 트럼프를 찍겠다는 유권자의 비율이 오히려 높다는 여론조사 결과도 등장했다.

미국과 한국, 진보와 보수 정부, 정치적 베테랑과 신인이라는 차이에도 바이든과 윤석열은 왜 비슷한 길을 갔을까? 코로나19 팬데믹이나 우크라이나 전쟁 같은 불운한 상황 탓인가? 혹은 정치적 양극화와 같은 구조적 요인 때문인가? 그도 아니라면 지도자의 무능력과 정치력의 부재에 따른 리더십의 위기인가? 또는 이들의 항변대로 전임 대통령인 트럼프와 문재인이 남겨놓은 짐이 너무나 큰 탓인가?

윤석열을 바이든과 비교하기 전에, 미국 공화당의 전직 대통령인 도널드 트럼프·조지 W. 부시George W. Bush와 먼저 비교해볼 필요가 있다. 한국의 대선 기간에 해외 언론이나 세미나에서 종종 나온 질문 중 하나가 '윤석열은 한국의 트럼프인가?'였다. 아마도 정치 경험이 일천하고, 반페미니즘·반중국 이미지가 강해 나온 질문으로 보인다. 트럼프의 백인우월주의와 비슷한 윤석열의 능력주의, 타협과 조정보다 결단과 추진력을 중요하게 생각하는 스트롱맨의 이미지, 직설적 화법과 반다원주의적 언행 등이 두 지도자 간의 유사성을 연상하게 한 근거였다.

하지만 트럼프와 윤석열은 차이점이 더 도드라진다. 트럼프의 '미국 우선주의America First'는 다자주의적 국제질서를 거부하고 한국·일본 등 전통적 동맹국에 대해서도 가차 없이 압박을 가했다. 반면 윤석열은 전통적인 자유주의적 국제질서를 존중하고 한미동맹의 중요성을 천명하고 있다. 또 법과 원칙을 그다지 존중하지 않았던 트럼프는 대선 결과에 불복하고 의사당을 점거한 폭동에 대해 정죄定罪하기는커녕 부정선거로 패배했다고 주장했다. 반면 윤석열은 법률가 출신답게 법치주의의 중요성을 강조한다. 트럼프는 '워싱턴의 이단아'라고 불리며 보수 주류 세력에서도 배척당했다. 반면 서울대학교 법대를 나와 검찰총장까지 지낸 윤석열은 한국 사회에서 주류 중의 주류다. 굳이 비교하자면 윤석열은 트럼프보다는 조지 W. 부시와 더욱 가깝다고 할 수 있다.

네오콘과
시장 친화적 경제정책

중상류층 가정에서 자란 조지 W. 부시와 윤석열은 각각 최고 대학인 예일대학과 서울대학교를 졸업했다. 조지 W. 부시의 아버지인 조지 H. W. 부시George H. W. Bush 역시 대통령을 지냈고 윤석열의 아버지는 연세대학교 응용통계학과(경제학 전공) 교수를 지냈다. 그럼에도 조지 W. 부시와 윤석열 모두 인생 초반 굴곡을 겪었다. 조지 W. 부시는 음주 운전 등 알코올 문제가 있었고 첫 번째 하원의원 선거에 도전해 낙선한 적이 있다. 윤석열은 9번째 도전 끝에 사법시험에 합격했지만, 검사 시절 좌천을 거듭한 경험이 있다. 이처럼 조지 W. 부시와 윤석열은 어려움을 이겨낸 스토리를 가졌다는 점에서 닮았다.

트럼프와 달리 대통령으로서 조지 W. 부시와 윤석열은 보수 주류의 인재풀에 크게 의존했다는 공통점도 있다. 조지 W. 부시는 아버지가 대통령으로 재직할 때 국방부 장관이던 딕 체니Dick Cheney를 러닝메이트로 선택했다. 또 제럴드 포드Gerald Ford 행정부에서 국방부 장관을 지낸 도널드 럼즈펠드Donald Rumsfeld를 국방부 장관에 재기용했다. 국가안보 보좌관과 국무부 장관을 역임한 콘돌리자 라이스Condoleezza Rice 등 후버연구소의 네오콘 인맥도 조지 W. 부시 행정부를 뒷받침했다. 외교안보 정책은 동맹을 중시하는 공화당의 전통 노선을 따랐고, 세금 감면 등 시장 친화적 경제정책을 펴며 한국 등과 자유무역협정FTA을 체결했다. 아프가니스탄과 이라크 침공을 강행했고, 북한을 이라크·이란과 함께 '악의 축'으로 규정하면서 전임 정부의 색채를 지우는 ABCAnything but Clinton 정책을 추구해 갈등을 고조시켰다.

윤석열 정부도 비슷한 인맥 구성과 정책 지향점을 보여주고 있다. 외교안보팀을 보면 국회의 대표적 외교통인 박진 의원을 외교부 장관에, 박근혜 정부에서 주중 대사를 지낸 권영세 의원을 통일부 장관에, 이명박 정부에서 외교부 1차관을 지낸 김성한 고려대학교 교수를 국가안보실장에(김성한 실장은 2023년 3월 29일 사퇴했다), 이명박 정부에서 안보 실세로 불리며 대외전략기획관을 지낸 김태효 성균관대학교 교수를 국가안보실 1차장에 임명했다. 이들의 면면이 강경 보수 성향을 띠었던 조지 W. 부시 행정부의 네오콘을 연상하게 한다는 평가도 나왔다.

윤석열 역시 조지 W. 부시와 마찬가지로 한미동맹을 중시하면서 북한 등에 대해서는 강경하게 대응할 것으로 보였다. 조지 W. 부시의 ABC 정책을 연상하게 하는 ABMAnything but Moon 정책을 추구할 것이라는 예상도 있었다. 경제 분야에서는 한덕수 국무총리, 추경호 경제부총리 겸 기획재정부 장관 등 기획재정부 출신 정통 관료들을 중용했다. 이와 동시에 규제 완화, 혁신, 법인세 인하 등 시장 친화적 경제정책을 펴고 있다.

이처럼 윤석열 정부의 구성과 정책은 조지 W. 부시 행정부와 비슷해 보인다. 하지만 임기 초반부터 고전했던 윤석열은 실제로는 바이든 행정부와 유사한 경로를 갈 가능성이 크다. 지지율 하락으로 고전하고 있는 바이든과 달리 조지 W. 부시는 9·11테러 이후 반反테러 전쟁을 수행하면서 지지율이 한때 90퍼센트에 육박했고 재선에 성공했다. 반면 윤석열은 코로나19 팬데믹, 우크라이나 전쟁, 인플레이션 등 국내외적 상황도 그렇고 지난 10여 년간 심화한 정치적·경제적 양극화로 인해 바뀐 정치 지형에서도 그렇고 바이든과 비슷한 상황에 처해 있다. 집권 세력의 결집력이나 리더십이 현저히 약화했다는 점도 두 대통령이 공히 처한 환경이다. 따라서 집권 초기 바이든 행정부가 보인 모습은 윤석열 정부의 향후 진로에 소중한 시사점을 제공해준다.

미국은 두 개의
나라가 되었다

트럼프와 문재인 집권 시기의 화두가 '민주주의의 위기'였다면, 지금의 화두는 '리더십의 위기'다. 특히 어렵게 정권교체에 성공한 바이든과 윤석열이 왜 임기 초부터 고전하고 있는지 미국과 한국에서 초미의 관심사로 떠올랐다. 두 대통령 모두 각국 대선 사상 가장 비호감 이미지가 짙은 후보 간의 대결에서 박빙의 차로 승리했다. 또 대선 직후 치러진 미국 조지아주 상원의원 선거와 한국의 지방선거에서 각각 여당이 승리했다.

하지만 민주주의의 위기를 극복하고 '정상화normalcy'를 가져올 것이라는 기대와 희망은 현재 빗나가고 있다.

우선 미국을 보자. 여론조사·정치 분석 웹사이트인 리얼클리어폴리틱스RealClearPolitics에 따르면, 2022년 6~7월에 시행된 여러 여론조사를 종합해 평균을 낸 결과 응답자의 75퍼센트가 미국이 잘못된 방향으로 가고 있다고 답했다. 올바른 방향으로 가고 있다고 답한 응답자는 18퍼센트에 그쳤다. 또 다른 여론조사·정치분석 웹사이트인 파이브서티에이트FiveThirtyEight에 따르면, 18개월이 지난 시점에서 역대 대통령과 비교해볼 때 바이든의 지지율은 최저 수치인 38.6퍼센트를 기록했고(트럼프의 지지율은 42.1퍼센트) 흑인이나 라틴계 등 전통적 지지층에서조차 낮은 지지율을 보였다. 특히 2020년 대선에서 바이든을 압도적으로 지지했던 젊은층(18~29세)의 지지율은 대선 당시 60퍼센트대에서 30퍼센트대로 내려앉아 반 토막이 났다.

이러한 현상은 한국에서도 나타났다. 아니, 외려 그 속도나 낙폭 정도는 미국보다 훨씬 더 심한 편이다. 한국갤럽이 2022년 7월 26~28일 전국 18세 이상 성인 남녀 1,000명을 대상으로 조사한 결과, 윤석열이 직무수행을 '잘하고 있다'는 응답은 28퍼센트에 불과했다. 특히 30~40대의 긍정 평가가 각각 17퍼센트로 연령별 최저였고, 여권의 텃밭인 대구·경북TK 지역에서도 부정 평가가 긍정 평가보다 7퍼센트포인트 더 높게 나와 미국과 비슷한 현상을 보였다. 단지 미국에서는 부정 평가의 가장 큰 이유가 '경제 문제'였다면 한국은 '인사 문제'로 차이점을 보였을 뿐이다. 그러면 이런 현상을 어떻게 설명할 수 있을까?

영국의 시사 잡지인 『뉴 스테이츠먼』은 2022년 7월 20일 「왜 바이든은 실패했는가?」라는 특집 기사에서 그가 고전하는 이유를 다음과 같이 요약했다. "불운, 무능력, 내부 분열, 미국 정치의 구조, 정적의 무분별함이 합쳐져 바이든 정부의 미래뿐만 아니라 공화국 자체를 위험에 빠뜨리고 있다." 코로나19 팬데믹과 우크라이나 전쟁으로 인한 인플레이션 등의 불운bad luck은 차치하고라도, 이 기사가 지적한 원인은 크게 두 가지로 나누어볼 수 있다. 먼저 미국 정치의 양극화와 정적의 무분별함ruthlessness of their enemies이 구조적 요인이라면, 무능력과 내부 분열은 정치 리더십의 문제다. 이 기사가 바이든을 실패로 규정한 점에 대해서는 논쟁의 여지가 있지만, 이 분석은 한국의 상황을 이해하는 데 중요한 준거틀을 제공해준다.

우선 구조적 요인을 살펴보자. 갈라치기의 명수였던 트럼프 행정부 시기를 지나면서 미국 내 정치적 양극화는 첨예화했다. 2020년 대선만 해도 애리조나주, 위스콘신주, 펜실베이니아주 등 3개 주의 선거인단 결과에 따라 마지막까지 마음을 졸였던 박빙의 승부였다. 그래서 트럼프를 비롯한 공화당 일부에서는 승복하기를 꺼렸다.

이와 같은 정치적 양극화 구조에서는 누가 대통령이 되든 지지율을 50퍼센트 이상 올리는 것은 매우 어렵다. 1930년대 나온 '뉴딜New Deal'이나 1960년대 등장한 '위대한 사회Great Society' 등 국민적 합의가 필요한 거대 정책이나 프로젝트는 사실상 불가능해졌다. 21세기 뉴딜이라며 바이든이 야심만만하게 추진했던 '더 나은 재건Build Back Better(경기 부양 정책)'은 처음부터 의회 통과에 난항을 겪었으며, 낙태 문제 등 사회 이슈에서도 첨예한 갈등을 겪었다. 『파이낸셜타임스』의 미국판 편집자인 에드워드 루스Edward Luce는 "미국은 서로 대화가 안 되는 두 개의 나라가 되었다"고 일갈한 바 있다.

두 번째는 무능력과 내부 분열로 점철된 정치 리더십의 문제다. 바이든은 반反트럼프 연합군의 사령관 격으로 대선에서는 이겼지만 그다지 호감 있는 후보는 아니었다. 외려 버니 샌더스Bernie Sanders나 엘리자베스 워런Elizabeth Warren 등 진보 색채가 강한 후보가 주목을 끌며 약진했지만 본선 경쟁력에서 바이든에게 밀려 후보가 되지 못했다. 대선이 끝나자 연합군의 연대는 느슨해졌고, 민주당의 진보·중도·보수 파벌을 아우르는 것이 숙제가 되었다. 나 역시 이런 이유로 바이든이 조기 레임덕에 처할 수 있다고 언론과 한 인터뷰에서 지적한 바 있다. '더 나은 재건' 법안이 의회 통과에 난항을 겪은 것은 야당의 저지뿐만 아니라 여당 상원의원인 조 맨친Joe Manchin의 반대에도 기인한다.

민주당 내 진보 쪽에서는 바이든이 처음 약속과 달리 기후 변화 등에 적극 대응하지 않는 데 대해 불만이 크다. 젊은 층이 바이든에게서 돌아선 이유는 경제 문제도 있지만, 이런 진보적 어젠다에 미온적인 데 대한 반감 때문이기도 하다. 반대로 빌 클린턴Bill Clinton 행정부에서 재무부 장관을 지낸 로런스 서머스Lawrence Summers 등 민주당 내 중도·보수 쪽에서는 바이든 정부의 경제 정책이 좌편향이라고 비판했다. 또 바이든은 그의 트레이드마크인 인권 문제까지 양보하면서 2022년 7월에 무함마드 빈 살만Mohammed bin Salman 사우디아라비아 왕세자를 만났지만, 결국 석유 증산에 실패하면서 공화당뿐만 아니라 민주당 지지자들에게서 비판을 받았다.

1980년대 이후 최악의 인플레이션으로 경제 침체의 그림자가 드리우고 아프가니스탄 철군이나 우크라이나 전쟁에서 표출된 '미국의 리더십 회의론'이 겹쳐 미국인들은 실망을 감추지 못했다. 낸시 펠로시Nancy Pelosi 하원의장의 타이완 방문으로 중국에 무력시위의 빌미를 주었지만, 이 문제에도 효과적으로 대처하지 못했다. 아직 바이든이 실패했다고 섣불리 단정하기는 어렵다. 오히려 최근 대법원의 낙태권 폐지 결정으로 이에 불만이 많은 전통적 민주당 지지자들이 재결집하는 모양새다(실제로 2022년 11월 중간선거에서 민주당이 선전한 가장 중요한 요인이 되었다). 하지만 정책과 리더십에서 획기적 전환을 이루지 않으면 민주당의 정권 재창출은 어려울 것이다. 바이든의 실패는 트럼프의 리턴을 가져올 테고, 이는 미국 사회와 정치는 물론 국제사회에 혼돈의 소용돌이를 불러올 것이다.

무엇이
공정과 상식인가?

『뉴 스테이츠먼』이 분석한 바이든의 위기는 한국에도 큰 시사점을 준다. 코로나19 팬데믹, 우크라이나 전쟁, 인플레이션 등의 '불운한' 상황에 이어 정치적 양극화와 반대 정치세력의 무분별함 등 구조적 문제에서도 한국은 크게 다르지 않다. 문재인 정부에서 '소나기에 흠뻑 젖었던 한국 민주주의'를 구하기는커녕 자칫 무능력과 내부 분열로 인해 국정 동력을 잃고 지리멸렬할 위기에 처했다.

트럼프의 레거시legacy(유산)를 다루어야 하는 바이든처럼 윤석열도 문재인이 남긴 레거시 때문에 억울한 대목이 있을 수 있다. 경제 불황, 정치적 양극화, 외교안보의 난맥상 등 문재인 정부가 남긴 여러 난제를 이어받은 받은 것은 사실이다. 그렇다 해도 전 정권 탓만 하고 있을 수는 없다. 문재인 정부에 대한 심판은 2022년 대선에서 정권교체로 끝났고 이제는 윤석열의 시간이다.

더구나 윤석열은 바이든보다 훨씬 더 열악한 상황에 처해 있다. 바이든은 그 자신이 오랜 정치 경험을 갖고 있고, 오바마 행정부에서 함께 손발을 맞추었던 주요 참모들과 함께하고 있으며, 출범 당시 여당이 상·하원을 장악했다. 이에 비해 윤석열은 여전히 정치 초년생이고, 국회는 야당이 장악한 상태일 뿐만 아니라 겨우 원 구성을 마쳐 정부 입법을 뒷받침하지도 못하는 실정이다.

취임 2개월 만에 20퍼센트대로 급강하한 지지율은 분명 위기의 신호다. 같은 파고가 몰아쳐도 상대적으로 작은 배가 더 흔들린다. 지금 한국의 상황이 그렇다. 윤석열의 말대로 국정을 운영하면서 여론에 일희일비할 필요는 없지만, 국민의 경고음을 무시해서도 안 된다. 국정 운영에 여론은 중요한 지렛대다.

윤석열이 집권 초에 빠진 위기에서 벗어나려면 먼저 법률가가 아닌 정치인으로서 리더십을 발휘해야 한다. 우선 집권 세력 내의 분열과 갈등을 신속히 매듭지어야 한다. 윤석열 역시 바이든처럼 정권교체의 최적임자로 선택되어 그 목표는 이루었지만, 그 역시 반反이재명 연합군의 사령관 성격이 강했다. 이렇다 보니 집권 세력 내에 여러 세력이 할거해 있고, 후보의 비호감도도 높아 지지층의 결집력이 상대적으로 약했다.

'윤핵관'과 이준석 사이의 갈등은 이미 예고된 사안이었지만, 윤석열은 이를 조정하는 리더십을 보여주지 못했고, 외려 여권 내 갈등을 방치하거나 부추기는 모습을 보였다. "윤석열의 적은 윤석열이다"라는 한 중견 언론인의 칼럼 제목처럼 집권 세력의 난맥상을 가져온 데 대해 깊이 성찰하고 좀더 책임 있는 리더의 모습을 보여주어야 한다.

윤석열은 공정과 상식을 회복하겠다며 정치에 뛰어들었고 취임식에서도 '자유'를 수없이 외쳤다. 정작 국민에게는 그 의미가 무엇인지 피부에 와닿지 않는다. 공정과 상식을 정책에 어떻게 반영할지, 자유민주주의 회복을 위해 무엇을 할지 구체적 방안이 없거나, 설령 있다 해도 국민은 느끼지 못하고 있다. 여론조사를 보면 부정 평가의 가장 큰 요인은 인사 문제로 꼽힌다. 국민은 윤석열이 주요직을 임명할 때 스스로 공정과 상식을 버리고 있다고 생각하는 것이다. 마찬가지로 전임 정부 탓만 하는 것이 그간 훼손된 자유민주주의를 회복하는 길은 아닐 것이다. 윤석열 정부가 추구하는 공정과 상식, 자유에 기반한 비전과 정책이 무엇인지 국민은 알고 싶다.

관용과
권력의 절제

위기를 벗어나기 위한 두 번째 방편으로, 윤석열은 정책 지향점을 좀더 중도적으로 포지셔닝해야 한다. 정치적 양극화가 심화된 현재의 정치 지형에서는 누가 대통령이 되어도 70~80퍼센트대의 지지율을 기대할 수 없다. 국민의 정치 지향이 보수·중도·진보 각각 3분의 1로 나뉘어 있다고 한다면, 중도를 지향하는 국민 중 3분의 2를 끌어와 50퍼센트 중반의 지지율을 확보하는 것이 국정 동력을 되살릴 가장 현실적인 전략이다.

정치적 양극화 해소는 구조적 문제에 해당해 시간이 걸리는 일이지만, 중도층의 지지를 확보할 수 있는 정책 마련은 충분히 가능한 일이다. 윤석열 정부가 중점을 두고 추진하려고 하는 교육·연금·노동 개혁에 반드시 참고해야 할 대목이다. 소수 정권으로 출발했던 김대중 정부가 김종필과 연대해 국정 동력을 확보한 일이나, 임기 초반 위기를 맞았던 이명박 정부가 중도 서민 정책을 펴면서 국정에 필요한 지지율을 확보했던 경험에서 교훈을 얻을 수 있다.

그러기 위해서는 ABM 정책의 유혹에서 벗어나야 한다. 전임 정부의 정책을 부정하고 단죄했던 문재인 정부의 적폐청산을 답습해서는 안 된다. 잘못된 정책은 시정해야 하고 부패나 불법은 단죄해야 하지만, 당시 상황에서 합리적으로 결정된 정책마저 현재의 기준으로 처벌해서는 안 된다. 관료 사회의 복지부동만 강화될 뿐이다. 특히 문재인 정부가 주요 부처마다 '적폐청산위원회'를 만들고 정책적 결정마저 정치적·사법적 기준으로 단죄했던 것을 되풀이해서는 안 된다. 적폐청산의 칼을 휘두르던 지휘자에서 거꾸로 그 타깃이 되었던 윤석열이 누구보다 그 폐해를 잘 알 것이다.

조만간 닥칠 '외교안보 쓰나미'에 대처하기 위해서도 국민의 지지를 확보하는 일은 매우 중요하다. 윤석열은 한미동맹을 강조하고 자유주의적 국제질서에 적극 참여하겠다는 의지를 밝히면서 2022년 6월 나토NATO 정상회의에도 참석했다. 기본적인 방향 설정은 잘했다고 평가할 수 있다. 다만 북한 문제를 비롯해 대중 관계 설정은 매우 어려운 과제다. 윤석열 정부의 외교안보팀은 조만간 시험대에 설 것이다. 북한이 도발에 나서거나, 중국이 문재인 정부 당시 언급된 '사드 3불不(사드 추가 배치 불가, 미국 미사일방어체계MD 불참, 한미일 군사동맹 불가)' 정책을 계승하라고 요구하거나, 더 나아가 타이완해협에서 미중 군사 충돌이 일어날 경우 대처법을 찾아야 한다. 이 과정에서 국민의 지지는 매우 중요할 수밖에 없다. 국내에서 힘없는 정부나 지도자는 해외에서도 힘을 쓸 수 없기 때문이다.

마지막으로 법치 만능주의에서 벗어나야 한다. 민주주의에서 '법과 원칙'은 필요조건이지 충분조건이 아니다. 문재인 정부에서 법치주의라는 미명하에 민주주의가 훼손되었던 것을 너무 명백히 목도하지 않았는가? 민주적 규범과 가치에 대한 존중과 수호가 없을 때 자유민주주의는 성립될 수도 지속될 수도 없다. 윤석열이 취임식에서 그토록 강조했던 자유를 지키기 위해서는 상대를 인정하는 관용과 권력의 절제가 필요하다. 인내를 갖고 국민과 야당을 설득할 수 있어야 한다.

그러므로 주요 정책을 추진하려면 충분한 공론화 과정을 거쳐야 한다. 거대 야당과 진보적 시민사회의 견제와 도전을 감수하려면 정치적 리더십 구현이 매우 중요하다. 다원화된 민주사회에서 다른 의견이 존재하는 것은 당연하며, 여러 목소리를 듣고 다양한 인재를 등용해야 한다. 그리고 다양성 확보는 배려와 균형의 문제가 아니라 업무 수행과 혁신에 필수 요소다. 검찰과 관료에 대한 과도한 의존을 능력주의라고 생각하는 것은 매우 위험한 발상이다. 사회의 다양한 목소리와 경험을 듣고 정책에 반영할 수 있는 기회와 통로를 차단하는 역효과를 가져올 수 있기 때문이다.

그간 화두가 '글로벌 민주주의의 위기'였다면 이제는 '글로벌 리더십의 위기'를 논해야 할 때다. 민주주의를 훼손한 트럼프나 문재인은 떠났지만, 그 바통을 이어받은 바이든과 윤석열은 리더십 부재로 고전하고 있다. 잦은 총리 교체로 정치적 불안정을 겪고 있는 영국, 앙겔라 메르켈Angela Merkel의 공백이 아쉬운 독일, 힘겹게 재선에 성공한 프랑스의 에마뉘엘 마크롱Emmanuel Macron은 2023년 3월 현재 28퍼센트의 지지율로 고전하고 있다. 이는 국제사회에서 권위주의에 대항하고 자유주의적 국제질서를 수호하는 데도 큰 어려움을 줄 수밖에 없다. 중국의 시진핑習近平, 러시아의 블라디미르 푸틴Vladimir Putin이 주도하는 권위주의에 맞서기 위해서는 미국·영국·프랑스·독일·일본 등 자유민주주의 진영의 리더십이 확고해야 하는데, 현실은 녹록지 않다.

한국도 예외가 아니다. 오히려 그 위기의 속도와 깊이, 진통은 더 크다. 윤석열로서는 당장 해소하기 힘든 국내외 구조적 문제는 시간을 갖고 차분히 개선해나갈 생각을 할 수는 있다. 다만 정치적 리더십에 대한 냉엄한 성찰은 시급하다. 겸허한 자세로 그동안의 시행착오를 되짚는다면 현재의 위기는 되레 전화위복이 될 수 있다. 글로벌 리더십의 위기 속에서 윤석열이 바이든의 길을 갈지, 아니라면 자유민주주의 진영의 새로운 기수가 될지는 오롯이 윤석열 자신에게 달려 있다.

민주주의와 리더십의
회복을 위해

민주주의 쇠퇴가
바닥을 쳤다

2023년 1월, 대학 동료 교수이자 「역사의 종언The End of History」으로 유명한 프랜시스 후쿠야마 교수와 『문화일보』 신년 인터뷰를 했다. 이 인터뷰에서 그는 "2022년은 한마디로 매우 좋은 해였다"고 회고했다. 여전히 국내외적으로 혼란스러운 상황이라 그의 대답은 다소 의외였다. 이에 대해 그는 "민주주의에서 벗어나 권위주의로 향하던 국제정치 흐름이 바닥을 쳤기 때문"이라고 설명했다. 민주주의 회복을 위한 반등은 2022년 2월 러시아의 우크라이나 침공과 함께 시작되었는데 러시아는 완전히 수렁에 빠졌으며, 중국은 '백지白紙 시위(2022년 11월 중국 정부의 '제로 코로나19' 정책에 항의하며 시작된 시위다. 시위 참가자들이 검열과 통제에 저항한다는 의미로 '아무런 구호를 적지 않은 종이[백지]'를 든 데서 붙여졌다)'를 경험했고, 이란에서도 시위가 벌어졌다는 점을 예로 들었다. 더 나아가 11월 8일 미국 중간선거에서 도널드 트럼프 전 대통령 세력이 패배했다며 "그래서 나는 2022년을 15년 이상 지속하던 민주주의 쇠퇴가 마침내 바닥을 친 해라고 돌아볼 것 같다"고 덧붙였다.

민주주의 쇠퇴가 바닥을 쳤다는 데는 나도 동의했다. 하지만 민주주의 회복 여부에 대해서 조금 더 신중하다. 설사 후쿠야마 교수의 말대로 바닥을 쳤다고 해도 바로 민주주의 회복으로 이어질지, 아니면 지지부진한 정세가 지속할지는 좀더 두고 봐야 한다. 역사적 경험을 봐도 그렇다. 아돌프 히틀러Adolf Hitler, 이오시프 스탈린Iosif Stalin, 마오쩌둥毛澤東이 죽었다고 나치즘, 스탈리니즘, 마오이즘이 바로 사라진 것은 아니었다. 그들이 역사의 무대에서 사라진 후에도 리틀 히틀러(아르헨티나의 후안 페론Juan Perón), 리틀 스탈린(루마니아의 니콜라에 차우셰스쿠Nicolae Ceaușescu), 리틀 마오쩌둥(캄보디아의 폴 포트Pol Pot)이 세계 곳곳에서 등장했다. 2020년 대선에서 트럼프가 낙선했다고 트럼피즘이 사라지거나 리틀 트럼프가 나올 가능성이 없다고 예단하기는 이르다. 민주주의 회복은 피나는 노력과 많은 시간이 걸리는 지난한 일이다.

마찬가지로 한국도 2022년 정권교체를 통해 민주주의의 역류 현상은 일단 멈추었다. 그러나 공정과 상식을 기치로 자유민주주의 회복을 부르짖으며 들어선 윤석열 정부의 1년 성적표는 기대에 못 미치고 있다. 반다원주의가 여전히 기승을 부리고 정치적 양극화는 심화되는 가운데, 여야는 일종의 적대적 공존 관계를 형성하고 있다. 한국 민주주의는 회복될 수 있을까?

문재인 정부는 도덕적 우월감에 취해 선악의 이분법적 논리에 따라 상대편을 거악巨惡으로 몰고, 서민의 투사를 자처하면서 반기득권의 논리로 상대편을 공격하는 포퓰리즘을 활용하며, 법원을 정치화하고 삼권분립을 흔드는 등 '형식적 법치주의'의 미명하에 민주주의를 훼손했다. 민주주의를 얻기 위해 투쟁했던 이들에 의해 민주주의가 무너지는 서글픈 아이러니가 발생했던 것이다.

이러한 한국 민주주의의 현주소를 진단하기 위해 2022년 김호기 연세대학교 교수와 함께 『한국 민주주의의 위기South Korea's Democracy in Crisis』를 출간했다. 한국과 미국, 진보와 보수 진영을 포함해 여러 학자의 글을 담았다. 이 책에서는 힘겹게 이룩한 한국 민주주의가 어떻게 위기에 처하게 되었는지를 설명했다. 주요 원인으로는 비非자유주의·포퓰리즘·정치적 양극화를 꼽았다. 윤석열 대통령 취임 1주년이 지난 지금 이 세 가지 기준에 근거해 한국 민주주의의 현주소를 살펴보는 것은 미래를 위해서도 매우 중요하다.

비자유주의, 포퓰리즘,
정치적 양극화

먼저 비자유주의의 측면에서 현재 상황을 살펴보자. 정치와 사회를 선과 악의 이분법으로 가르고 적폐 청산을 외치며 국수주의적 반일 죽창가를 부르던 문재인 정부의 모습은 사라졌다. 이를 의식하듯 윤석열은 취임식부터 수없이 자유를 강조했고 자유주의 가치 연대를 천명했다. 그러나 국민은 윤석열이 말하는 자유나 가치 연대의 의미가 무엇인지 실감하지 못하고 있다. 공허한 수사에 머물러 있는 것이다.

집단주의와 진영주의는 여전히 자유주의를 압도하고 있다. 개별 헌법기관인 국회의원들조차 소신과 양심에 따라 의견 내기를 주저한다. 공무원의 정책적 판단에 대한 '직권남용' 처벌도 지속되고 있다. 자유민주주의의 핵심인 권력의 절제는 요원하다. 문재인 정부 인사에 대한 윤석열 정부의 대대적인 검찰 수사가 비리와 부패 척결을 넘어서 또 다른 적폐청산의 칼날이 되고 있지는 않은지에 대한 우려가 크다.

두 번째는 포퓰리즘 문제다. 21세기 포퓰리즘은 과거의 인기 영합적 포퓰리즘과 달리, 반엘리트주의와 반다원주의로 요약할 수 있다. 윤석열 정부 들어 기득권에 대한 이념 공세는 줄었지만, 노조 등 '신新기득권'에 대한 정부의 대응이 포퓰리즘으로 흐를 위험성을 안고 있다. 노조의 비리나 '귀족화' 등 잘못된 관행은 바로잡아야 한다. 그러나 보수 지지층에 어필하기 위해 정치적으로 접근하는 것은 삼가야 한다.

포퓰리즘적 리더십도 문제다. 국민의힘 당대표 선출 과정에서 윤석열이 보인 모습이나, '사법 리스크'에 대응하는 과정에서 나타난 민주당 이재명 대표의 모습은 다원주의와 거리가 멀다. 소통과 협치를 중시하는 민주적 리더십보다는 '스트롱맨'의 리더십에 가깝다. 이러한 면에서 두 지도자는 유사한 리더십을 공유하며 일종의 적대적 공존 관계를 형성하고 있다.

마지막으로 정치적 양극화다. 박근혜 전 대통령 탄핵 이후 문재인 정부를 거치며 심화된 정치적 양극화는 코로나19 팬데믹으로 인한 경제 불황과 불평등의 심화로 더욱 악화되고 있다. 여야 정치권은 물론 개인 간 혹은 집단 간 상호 불신이 커지고 흑백 논리가 득세하는 모양새다. 공존을 추구하는 다원적 규범은 사라지고 오직 내편과 네 편만 존재할 뿐이다. 젠더 갈라치기와 팬덤 정치가 기승을 부리는 가운데 정치는 민심의 수렴이 아닌 진영 간 권력 쟁취를 위한 전쟁터로 전환되고 있다.

여소야대 상황에서 대화와 협치는 사라졌다. 정부·여당은 사법 절차로 제1야당을 압박하고, 다수당인 민주당은 특검을 주장하면서 '반대를 위한 반대'로 맞서고 있다. 법안은 계류된 채 정치와 민생은 실종되었다. 국회사무처에 따르면, 2022년 말 17개 상임위원회에 계류된 법안은 1만 3,198건(상임위당 평균 776.4건)에 달했다. 2021년 8,957건(평균 526.9건) 대비 약 1.5배다. 2020년 말 4,023건(평균 236.6건)에 비해서는 3배 이상 늘어난 수치다. 정치적 양극화는 정권교체로 약화되었기보다는 외려 심화되었다. 이것은 한국 민주주의의 전망을 어둡게 만들고 있다.

이처럼 비자유주의, 포퓰리즘, 정치적 양극화라는 세 가지 기준에 비춰볼 때 민주주의 회복은 요원한 상황이다. 정권교체로 민주주의 쇠퇴는 일단 멈추었지만 지지부진한 정세가 이어지고 있다. 정치에 대한 국민의 불신도 더욱 커지고 있다. 윤석열 정부 출범 1년이 지난 현재 한국 민주주의의 기상도를 냉정히 평가해보면, 일단 소나기는 멈추었지만 여전히 흐린 상태이고 언제 맑은 날씨를 볼 수 있을지는 불투명하다.

제4의
민주화 물결

한국 민주주의의 문제는 글로벌 흐름이라는 큰 틀 속에서 이해해야 한다. 민주주의 쇠퇴는 한국만의 문제가 아닌 글로벌 현상이다. 오늘날 미국과 유럽의 지식인 사회에서도 여전히 큰 화두와 고민거리다. 국제 인권감시단체인 프리덤하우스Freedom House에 따르면, 민주주의 국가의 비중은 1970년대에 시작된 '제3의 민주화 물결'에 힘입어 1990년대 중반에는 절반을 넘었다. 하지만 2006년 62퍼센트로 정점을 찍은 후 15년 연속 감소해 지금은 50퍼센트에도 미치지 못하는 실정이다. 1930~ 1940년대 민주주의 쇠퇴를 보는 듯했다. 더구나 당시 파시즘과 공산주의에 맞서 자유민주주의를 지켰던 미국과 영국조차 민주주의에서 역류 현상을 보여 그 우려는 더 컸다.

프랜시스 후쿠야마 교수의 주장처럼 민주주의 쇠퇴가 바닥을 쳤다는 징후는 곳곳에서 볼 수 있다. 권위주의 체제의 리더 격이라고 할 수 있는 푸틴은 위기에 빠졌고, 시진핑 역시 고전하고 있다. 이로 인해 민주주의를 둘러싼 글로벌 환경은 다소 나아졌다고 볼 수 있다. 러시아가 우크라이나 침공을 시작할 때만 해도 낙승하리라는 예상이 많았다. 하지만 이 전쟁은 '민주주의 대 권위주의'의 대리전쟁으로 확산했다. 러시아는 고전하고 있다. 자칫 이 전쟁이 푸틴의 몰락을 초래할 것이라는 전망까지 나온다. 시진핑 역시 세 번째 연임에 성공하며 권력을 더욱 강화했지만 코로나19 방역과 경제 불황 등으로 국민의 불만은 쌓여가고 있다. 코로나19 팬데믹을 거치면서 권위주의 리더의 힘이 대체로 약화되었다는 영국 케임브리지대학의 연구 결과도 있다.

실제로 『파이낸셜타임스』 기자인 기디언 래크먼Gideon Rachman의 『더 스트롱맨』에 등장한 인물 중 미국의 도널드 트럼프, 영국의 보리스 존슨Boris Johnson, 필리핀의 로드리고 두테르테 Rodrigo Duterte, 브라질의 자이르 보우소나루Jair Bolsonaro 등은 정치 일선에서 물러났다. 튀르키예의 레제프 에르도안Recep Erdoğan

민주주의와 리더십의 회복을 위해

은 2023년 5월 28일 대선 결선 투표에서 가까스로 연임에 성공했다. 래크먼은 2000년 이후 등장한 스트롱맨들이 세계 곳곳에서 민주주의를 위협하고 있다고 경고했는데, 전반적으로 이들의 영향력이 줄어든 점은 고무적인 일이다. 2022년 11월 8일 미국 중간선거에서 트럼프가 힘을 쓰지 못한 이유 중 하나도 유권자들이 민주주의 회복을 중요하게 생각했기 때문이다.

그렇지만 글로벌 민주주의가 회복의 물결, 즉 '제4의 민주화 물결'로 들어섰는지는 아직 불투명하다. 세계 곳곳에 비자유주의와 포퓰리즘의 잔재가 남아 있고, 인플레이션과 불평등의 심화 등 사회구조적 여건도 크게 나아지지 않았다. 정치적 양극화도 여전하다. 영국 시사주간지 『이코노미스트』의 부설 기관인 이코노미스트 인텔리전스 유닛EIU이 최근 발표한 전 세계 167개국의 '민주주의 지수'(0~10)를 보면, 2021년 5.28에서 2022년 5.29로 거의 변화가 없다. 미국만 해도 트럼프의 영향력이 예전 같지는 않지만 여전히 그는 2024년 대선의 유력 주자다(2022년 11월 15일 트럼프는 대선 출마를 공식 선언했다). 트럼피즘도 사라지지 않았다. 그리고 트럼프가 낙선한 2020년 대선이 부정선거였다고 주장한 공화당 후보들이 대거 의회에 입성했다.

미국 정치학자인 스티븐 레비츠키와 대니얼 지블랫이 『어떻게 민주주의는 무너지는가』에서 지적했듯이 21세기 민주주의 쇠퇴의 중요한 특징 중 하나는 민주적 절차를 거쳐 선출된 지도자들이 민주주의를 점진적으로 훼손하고 있다는 점이다. 과거처럼 군사독재나 공산주의 혁명 같은 급진적 방법에 의해서가 아니라, 합법적 절차로 당선된 지도자들에 의해 민주주의가 뒷걸음질치고 있다는 뜻이다. 민주주의 쇠퇴와 회복이 글로벌한 현상인 만큼 민주주의 회복 과정에도 국제 공조가 매우 필요하다.

민주주의가
반등하려면

한국도 글로벌 흐름에서 예외가 아니다. 한국 민주주의가 의미 있는 반등을 하려면 법치주의를 넘어 여러 분야에서 변화가 절실하다. 정치제도와 정치 문화뿐만 아니라 새로운 리더십의 정착도 시급하다. 사회구조적 변화는 물론 국제 공조도 필요하다.

우선 현재 논의되고 있는 정치제도 개혁은 더는 미룰 수 없는 과제다. 이른바 '1987년 체제'가 시대적 사명을 다했다는 점에 대부분이 동의하면서도, 정작 정치적 이해관계로 인해 개혁이 이루어지지 못하는 현실은 안타깝다. 제왕적 대통령제와 단임제의 폐단을 개선하기 위한 헌법 개정과 함께 중대선거구제 도입과 위성정당 폐지 등 선거제도 개혁이 필요하다. 국회의원의 자율성을 보장하는 동시에 책임성을 강화하기 위해 무기명 투표제도 폐지해야 한다. 구체적 방안은 여야가 협상을 통해 만들겠지만, 정치제도 개혁을 통해 승자독식과 정치적 양극화를 해소하는 데 초점을 맞춰야 한다.

정치 문화도 개선해야 한다. 구동존이의 자세로 여야가 소통하고 협치하는 문화를 만들어야 한다. 상대를 악마화해서는 결코 안 된다. 대한민국의 정당성을 부정하지 않는 한 서로 존중하고 대화하는 사회를 만들어야 한다. 특히 젠더 갈라치기와 같은 정체성의 정치나 개딸에 의존하는 팬덤 정치는 반드시 지양해야 한다. 정당 문화도 마찬가지다. 국민의힘 당대표 선출 과정에서 나온 소위 '친윤(친윤석열)' 논란은 다원적 민주주의와는 거리가 먼 권위주의적 정치 문화다. 국회에서 민주당 이재명 대표 체포동의안에 대한 부결표를 던지지 않은 의원들을 겨냥해 이른바 '수박 색출하기' 같은 협박이 나타났는데, 이는 민주적인 정치 문화 형성에 걸림돌이다.

정치적 양극화를 극복하기 위한 사회경제적 개혁도 시급하다. 특히 경제 회복과 중산층 복원에 심혈을 기울여야 한다. 코로나19 팬데믹, 미중 갈등, 우크라이나 전쟁 등으로 인한 인플레이션과 경제 불황은 경제적 불평등과 양극화를 심화시켰다. 정치적 양극화의 자양분을 제공한 것이다. 사회경제적 개혁 없는 정치개혁에는 한계가 있다. 노조 문제도 정치 이슈가 아닌 노동개혁 차원에서 접근해야 한다.

무엇보다 중요한 것은 자유민주주의에 걸맞은 정치적 리더십의 확립이다. 권위주의적 리더십의 특징은 카리스마, 가부장적 권위, 수직적 위계질서, 강력한 유대감과 일사불란 등이었다. 이에 비해 자유민주주의적 리더십에는 소통과 수평적 관계, 다양성의 존중과 권력의 절제 등이 중요하다. 민주적 규범과 가치를 존중하는 리더십을 통해 스트롱맨의 리더십을 뛰어넘어야만 민주주의가 한 걸음 더 나아갈 수 있다.

조지프 나이Joseph Nye 하버드대학 교수는 국제관계에서 소프트 파워soft power의 중요성을 일찍부터 간파했다. 소프트 파워 또는 연성 권력은 돈이나 권력 등을 통한 강요 대신 매력을 통해 설득을 얻어낼 수 있는 능력을 뜻한다. 그는 『권력의 미래』에서 성공적인 리더가 되기 위해서는 두 가지의 하드 파워 기술 외에 세 가지의 소프트 파워 기술이 필요하다고 역설했다. 전자가 조직을 운영하는 능력과 정치 특유의 감각이라면 후자는 소통, 비전, 정서적 공감 능력이다.

이 기준에 비춰보면 윤석열이 임기 초에 보인 리더십은 소프트 파워 기술 면에서 비교적 긍정적이었다. 공정과 상식, 자유민주주의 회복이라는 시대정신에 부합하는 분명한 비전을 제시했다. 대통령 집무실 용산 이전과 출근길 문답(도어스테핑)이라는 새로운 형식을 통해 그 나름으로 국민들과의 정서적 공감과 소통을 추구했다(도어스테핑은 2022년 11월 21일 중단되었다). 시행착오가 있기는 했지만 자유민주주의적 리더십과 부합하는 방향으로 가려는 시도였다. 높이 평가할 만하다.

그러나 시간이 지나면서 윤석열의 통치 스타일은 점차 '스트롱맨 리더십'으로 리턴하고 있는 듯하다. 국민이나 야당과 소통하고 정서적 공감을 구하려는 노력은 줄었다. 정치 특유의 감각보다는 사법적 잣대가 우선시되고 있다. 누차 강조하지만 자유민주주의에서 '법과 원칙'은 필요조건이지 충분조건이 아니다.

운동권으로 얽힌 슈퍼 네트워크에 크게 의존했던 문재인 정부는 실패했다. 그들만의 리그에 빠져 국민과 소통하고 공감하는 데 실패했다. 견제와 균형도 사라졌다. 윤석열 정부도 '검찰 슈퍼 네크워크'로 얽힌 그들만의 폐쇄적 리그에 갇혀 문재인 정부의 전철을 밟는 게 아닌가 하는 우려가 커지는 것이 사실이다. 정순신을 국가수사본부장으로 임명하는 과정에서 드러난 검증 실패는 견제와 균형이 사라진 폐쇄적 리그의 필연적 산물이다. 윤석열은 불의에 맞서 공정과 상식을 회복하겠다며 정치에 뛰어든 초심으로 돌아가 민주적 규범과 정신을 존중하고 따라야 한다. 그것이 시대정신이고 '검사 윤석열'을 한국의 최고지도자로 선택한 국민에 대한 보답이다.

민주주의 회복이 글로벌한 과제인 만큼 국제적 협력도 중요하다. 과거 나치즘이나 공산주의와 싸울 때도 영국과 미국을 축으로 한 자유민주주의 진영의 연대가 결정적 역할을 했다. 미국의 바이든 행정부도 국제 공조의 중요성을 인식해 '민주주의 정상회의

Democracy Summit'를 제안했다. 특히 제2차 민주주의 정상회의는 2023년 3월 29일 한국을 비롯해 코스타리카, 네덜란드, 미국, 잠비아에서 동시에 열렸다. 한국이 아시아를 대표하는 셈이다. 윤석열 정부는 민주주의 정상회의를 자유주의 가치 연대의 비전과 전략을 좀더 구체화하고, 한국이 민주주의 회복의 기수가 될 것임을 천명하는 중요한 기회로 삼아야 한다.

예를 들어 민주주의 회복을 위한 민간 차원의 국제포럼을 제안해볼 수 있다. 미국에는 의회에서 지원하는 민주주의 기금 National Endowment for Democracy이 있고, 세계 여러 나라의 민주주의 발전을 지원하고 있다. 내가 속한 스탠퍼드대학의 아시아태평양연구소에서도 한국고등교육재단과 공동으로 한미 양국 전문가들이 모여 민주주의 회복을 논의하는 '지속 가능 민주주의 회의 Sustainable Democracy Roundtable'을 설립하고 2023년 여름에 첫 회의를 연다. 특히 젊은 학자들과 학생들도 포함해 차세대 민주주의 리더를 육성하려고 한다.

포지티브섬
사회

한국 사회의 현재 모습을 바라보면 미국 메사추세츠 공과대학MIT의 레스터 서로Lester Thurow 교수가 제시한 『제로섬 사회』가 생각난다. '제로섬 사회zero-sum society'는 사회적 이득의 총합이 제로가 되는 사회를 뜻한다. 누군가 이익을 보면 반드시 그만큼 손실을 보는 사람이 있다. 1980년에 출간된 이 책은 1970년대 성장이 멈춘 미국 사회가 에너지와 환경 등 사회 문제를 해결하고자 할 때 특정 계층 간의 이해 충돌이 불가피해 문제 해결이 어렵다는 점을 대중적으로 설명했다.

제로섬 사회의 가장 큰 문제는 어떤 식의 새로운 개혁이나 변화도 어렵다는 점이다. 누군가 이익을 보는 만큼 손실을 보는 사람이 존재할 뿐만 아니라, 이들은 각각 이익집단화되어 있어 결사 반대하기 때문이다. 최근 한국의 사회 갈등이 증폭하고 새로운 변화를 이끌어내기 힘든 현실도 이런 관점으로 설명할 수 있다. 제로섬 사회를 사회적 이득의 총합인 '포지티브섬 사회positive-sum society'로 만드는 힘은 정치적 리더십에 있다.

조금 다른 관점에서 보자면 산업화 세력과 민주화 세력은 서로를 적대시하는 제로섬 싸움을 이제는 멈춰야 한다. '독재의 후예'이니 '종북 세력'이니 말하면서 상대를 악마화하려는 유혹에서 벗어나야 한다. 각각 나름의 공과功過가 있음을 인정하고 진영 논리에서 벗어나 대한민국의 미래를 위해 포지티브섬을 만들도록 힘을 합쳐야 한다. 최고조에 이른 남북 갈등에 이어 남남 갈등이 임계점에 다다르고 있는데, 언제까지 갈등과 반목을 지속할 것인가? 저출산·고령화 사회에서 미중 갈등과 북한의 위협까지 마주한 상황이 결코 녹록지 않다. 고故 박세일 서울대학교 교수의 주장대로 산업화와 민주화를 넘어 '선진화의 길'을 가야 한다.

　대한민국이 전쟁, 분단, 권위주의를 극복하고 단기간에 세계 10위권 국가로 부상한 것은 정말 대단한 일이다. 경제와 군사력을 넘어 인적 자원과 소프트 파워도 급성장했다. 말 그대로 기적이고 한국인들이 충분히 자부심과 긍지를 가질 만하다. 그러나 다음 단계로 한 걸음 더 나아가는 과제는 완수하기가 결코 쉽지 않다. 여기서 안주해 멈춰 설지, 아니면 톱 10 혹은 톱 5로 재차 도약할지를 놓고 한국은 중대한 기로에 서 있다. 제로섬 사회가 아닌 포지티브섬 사회를 만드는 데 서로 협력해야만 하는 이유다.

　"Stay hungry." 애플의 창업자인 스티브 잡스Steve Jobs가 2005년 스탠퍼드대학 졸업식에서 한 명연설의 마지막 부분이다. 야심만만한 스탠퍼드대학 졸업생들에게 한 말인 동시에 가장 성공한 기업인이던 자신에게도 한 외침이다. 한국도 현재에 안주하지 말고 미래를 위해 여전히 "배고파야 한다". 그래야 더욱 성숙하고 자랑스러운 '넥스트 코리아next korea'를 만들어갈 수 있을 것이다.

제2장

자유주의와 안보

한일 갈등을
어떻게 풀 것인가?

국수주의적
반일 감정

한일 관계는 문재인 정부 시절 파탄 직전까지 갔다. 일본은 '일본의 피고 기업이 강제징용 피해자에게 배상하라'는 한국 대법원 판결이 나온 이후인 2019년 7월 반도체 핵심 소재 3개 품목 수출 규제에 나섰다. 그해 8월에는 한국을 자국의 화이트리스트white list(수출 심사 우대국)에서 배제했다. 이에 한국은 9월 세계무역기구WTO에 일본의 수출 규제가 부당하다며 제소했고, 일본을 전략물자 수출 우대국에서 빼면서 맞대응을 이어갔다.

한일 관계는 윤석열 정부가 들어선 후 2023년 3월 한일정상 회담으로 가까스로 회복의 전기를 마련했다. 일본은 3개 품목 수출 규제 조치를 해제했고, 한국은 WTO 제소를 철회했다. 제3자 변제 방식의 강제징용 관련 해법도 마련되었다. 하지만 국민 여론은 여전히 비판적이다. 주말에는 서울을 비롯해 곳곳에서 반일 시위가 벌어졌고, 국민 절반 이상이 민주당이 추진하는 '대일본 굴욕외교 국정조사'에 대해 찬성하는 것으로 나타났다.

　　중국의 부상과 북한의 핵과 미사일 위협, 저출산·고령화 사회 진입 등 함께 고민하고 해결해야 할 전략적 공유지가 많은 두 나라가 왜 이렇게 싸우는지 정말 답답하고 안타깝다. 물론 일본을 두둔하거나 양비론을 펼치고 싶은 마음은 추호도 없다. 그러나 정말 일본을 이기고 싶다면, 반일이 아닌 극일을 하고 싶다면 더욱 냉정한 자세로 우리 자신을 돌아보는 노력이 필요하다.

　　한국인들의 반일 감정은 무엇보다도 근대 일본의 부상과 식민 지배기를 거치며 형성된 민족 감정에서 그 단초를 찾을 수 있다. 한국은 사대事大를 하면서까지 동북아시아에서 중국의 헤게모니는 인정했다. 반면 이 시기에 지역의 새 리더로 부상한 일본은 인정하지 않으려는 의식이 존재했다. 한국이 자신보다 한 수 아래라고 여기던 일본의 식민지로 전락하면서 그 감정은 더 격해졌다. 식민 지배기에 형성된 반일 감정은 한민족의 순수 혈통을 강조하는 배타적 민족주의로 발전했고 분단 시대를 거치며 더욱 공고해졌다. 반일은 남북한 모두에 전가의 보도와 같았다. 분단 시대 민족주의의 과잉 역시 마찬가지였다.

　　역사적으로 민족주의는 우파의 이데올로기였다. 좌파는 민족주의를 부르주아의 산물이라고 비판했다. 하지만 한반도에서 민족주의는 남북한, 좌·우파 모두와 밀접한 관계를 맺었다. 문재인 정부에서 불었던 국수주의적 반일 감정의 바람만 해도 좌파가 선도했다. 오히려 우파는 친일파·매국노라는 프레임에 갇힐까봐 전전긍긍하며 마지못해 대일對日 투쟁에 동참하는 상황이 벌어졌다. 한일 갈등의 구조와 본질을 꿰뚫기 위해서는 한국 민족주의의 특성을 파악해야 한다. 특히 그 역사적 기원과 형성 과정, 정치적 역할에 대한 이해가 필수다.

한국 민족주의의
계보와 성격

　　　　　　　한국 민족주의의 기원과 계보를 두고 논쟁의 여지가 있다. 단, 그것이 근대의 산물이라는 점에 대해서는 학계에서 큰 이견이 없다. 19세기 말 이후 서구 열강과 일본이 한반도로 밀고 들어왔다. 위기에 처한 구한말 지식인들은 대응책으로 민족주의를 수용했다. 우리가 사용하는 '민족'이라는 개념은 일본에서 차용한 것이다. 이는 독일의 'Kultur Nation(쿨투어 나치온)'을 번역한 개념이다. 즉, 한국 민족주의의 계보는 독일, 일본,

한국으로 이어진다.

　이 점에서 한반도에 대한 일본의 식민 지배는 군사·정치·경제를 넘어 의식과 담론에 대한 지배이기도 했다. 식민의 피지배자가 저항 수단으로 되레 식민 지배자들의 담론과 논리를 이용하는 것은 세계사에서 흔히 볼 수 있는 일이다. 내가 『한국 민족주의의 계보와 정치』에서 논했듯이 일제강점기를 거치며 한국의 민족주의는 혈통을 강조하는 종족적ethnic 성격을 띠게 되었다. 민족주의가 한국에 처음 소개되던 19세기 말에는 영미의 시민적·정치적 개념이 논의되기도 했다. 하지만, 결국 독일과 일본의 문화적·종족적 민족 개념이 지배적으로 자리 잡게 되었다. 이는 1930년대 일제가 추구한 동화주의와 밀접한 관계가 있다. 또 좌파 사회주의·공산주의의 등장과도 연결되어 있다.

　일제는 일선동조론日鮮同祖論(일본인과 조선인의 조상이 같다는 일제의 식민사관)을 통해 동화주의를 추구했다. 이에 맞서 민족주의자들은 그 반대 논리로 조선인만의 순수하고 독특한 혈통을 강조하며 동화주의를 거부했다. 동시에 보편적 개념으로서 계급을 강조하는 좌파 사회주의에 대응해 민족이라는 특수성이 부각되었다. 대표적인 것이 1933년 발표된 이광수의 「조선민족론」이다. 그는 민족을 변하지 않는 존재, 즉 '영원한 실재'로 보았다. 이는 당시 독일, 이탈리아 등 유럽을 휩쓸던 파시즘과 유사한 성격을 지녔다.

미국의 역사·정치 사회학자인 리아 그린펠드Liah Greenfeld의 민족주의론이 중요한 시사점을 제공한다. 그린펠드에 따르면, 독일의 민족주의는 시민적·정치적 공동체를 강조한 영국·프랑스의 민족주의와 달리 혈통과 문화를 강조했다. 색다른 형태의 독일 민족주의가 자리 잡게 되는 데는 '르상티망Ressentiment'이라는 심리적 요소가 매우 중요한 역할을 했다.

여기에는 두 가지 조건이 있다. 첫째는 현실적인 불평등, 둘째는 그 불평등에서 기인한 부러움과 증오라는 혼재된 감정이다. 특히 그 비교 대상이 자신보다 낫다고 여길 때 이런 심리적인 상태가 나타난다. 일찍이 산업혁명을 이룬 영국이나 정치혁명을 이룩한 프랑스에 비해 후발 주자였던 독일은 부러움과 증오가 혼재된 심리적 상태에서 혈통과 문화를 강조하는 독특한 민족의식을 발전시켰다. 또 다른 후발 주자인 일본과 한국이 영미식이 아닌 독일식 민족 개념을 수용한 것은 어쩌면 당연한 일이었다.

'르상티망' 개념은 현재의 한일 갈등을 이해하는 데 많은 시사점을 준다. 영국과 프랑스에 대해 독일이 가졌던 심리와 마찬가지로 한국인들은 의식적·무의식적으로 일본보다 우월하다는 생각을 갖고 있었다. 중국은 대국으로 인정한 반면, 일본은 '왜구' 또는 '왜놈'으로 폄하했다. 사대의 대상은 중국이었지 일본이었다는 기록은 없다. 하지만 한국인들이 한 수 아래라고 여겼던 일본이 메이지유신明治維新으로 근대화를 이룬 후 한국을 식민지화해버렸다.

한국으로서는 참으로 받아들이기 어려운 현실이었다. 더구나 일본은 '내선일체론內鮮一體論', '황국신민화皇國臣民化' 등으로 한국의 역사와 의식마저 바꾸려고 했다. 일본에 맞서기 위해 단군의 자손과 혈통임을 강조하는 단일민족주의만큼 효과적인 방법은 없었을 것이다.

식민 지배가 끝났지만 한국인들의 '대일 르상티망'은 소멸하지 않았다. 현실적으로 경제를 발전시키기 위해 일본과의 화해와 도움이 절실했지만, 한국인들은 이를 심정적으로 받아들이기 어려웠다. 1965년 한일협정을 '굴욕외교'로 판단한 이유다. 한국의 발전 모델을 제공한 것도 일본이었다. 지금도 일본은 경제 규모가 세계 3위에 이르는 국가다. 한국보다 한 수 위인 것이 엄연한 사실이다. 하지만 한국인들은 아직도 정서적으로 이런 현실을 받아들이기 매우 어려워한다. 따라서 일본에 대해 부러움과 증오가 혼재된 감정이 뒤범벅되어 있다. 반일 감정은 정치적·감성적 휘발성이 매우 강하다.

과거사 문제만 해도 그렇다. 일차적으로는 일본의 태도에 문제가 있는 것은 사실이다(과거사를 대하는 일본의 독특한 심리 또한 중요한 분석 대상이다). 다만 일본이 아무리 사과해도 한국이 이를 진정성 있게 받아들이기는 어려울 것이다. 한국인 대부분은 일본이 사과했다고 생각하지 않는다. 사과했다는 사실 자체도 진정성이 없다는 이유로 부정하고 싶은 것이 한국인들의 솔직한 심정이다.

한국의 국력이 일본을 앞서는 날이 올 때까지는 그럴 것이다.

반면 한국이 일본에 대해 갖고 있는 '르상티망'이 중국에 대해서는 발동하지 않는다. 최근 들어 한국 내에 반중 정서가 크게 번지고 있지만 반일 감정과는 본질적으로 다르다. 한국인의 반중 정서는 중국의 권위주의 체제와 인권 탄압, 주변국에 대한 고압적 태도와 관련이 크다. 현재의 한일 갈등이 봉합되더라도 한국인의 의식 속에 깊이 박혀 있는 '르상티망'이 사라지지 않는 한 반일 감정은 쉽게 없어지지 않을 것이다.

국수주의와
포퓰리즘의 토양

보편성을 강조하는 사회주의나 공산주의와 달리 민족주의는 특수성을 강조한다. 따라서 원칙적으로 좌파와 민족주의는 양립할 수 없다. 공산주의 이론에서 민족주의는 부르주아의 이데올로기로 폄하되었고, 점차 소멸하리라 간주되었다. 하지만 민족주의가 반제국주의·반식민주의의 이념으로 호소력을 갖자 좌파에서도 이를 무시하기 어렵게 되었다. 1920년대에 공산주의 국제기구인 코민테른Comintern에서 식민지 사회에서 발생한 민족문제에 대한 논쟁이 일어난 배경이었다.

아시아의 공산주의는 민족주의를 좌파에 본격 결합했다. 중국의 마오쩌둥은 민족주의의 대중 호소력을 일찍이 간파했다. 베트남의 호찌민胡志明, 북한의 김일성도 계급의식보다 민족 감정에 호소했다. 유럽 등 서구 사회에서 일어난 급진적 민족주의, 즉 파시즘이나 나치즘이 우파적 운동이었다면, 아시아의 민족주의는 좌파적 성격을 강하게 띠었다.

우파건 좌파건 민족주의가 급진적 성격을 보였을 때 그 결과는 처참했다. 유럽의 급진적 우파 민족주의는 인종주의와 결합해 유대인 학살 등 인종청소ethnic cleansing라는 비극을 낳았다. 아시아의 급진적 좌파 민족주의는 고립과 빈곤을 초래했다. 독일은 패전후 급진적 민족주의의 광풍에서 벗어난 뒤에야 번영을 이루었다. 중국과 베트남도 급진적 민족주의의 늪에서 빠져나온 후에야 빈곤에서 탈출했다. '김씨 왕조'를 구축하고 '우리 민족 제일주의'를 고집하는 북한은 아직도 늪에서 벗어나지 못하고 있다.

민족주의가 '좋으냐 나쁘냐' 하는 논쟁이 있지만 사실 민족주의 자체는 중립적이다. 민족주의는 다른 이데올로기와 쉽게 결합할 수 있을 만큼 유연하다. 그러므로 민족주의가 어떤 이데올로기나 정치체제와 결합하느냐에 따라 순기능을 발휘할 수도 반대로 역기능을 초래할 수도 있다. 반제국주의·반식민주의의 이념적 기반이 될 수도 있고, 후발 국가의 근대화를 촉진하는 심리적 동력을 제공할 수도 있다. 한국에서도 민족주의는 반일 식민주의 운동과 '조국 근대화'의 이념적 기반을 제공했다.

반면 제국주의나 파시즘 등 독재국가의 이념적 토대로 자리매김할 수도 있다. 남북한 공히 독재체제를 구축하고 공고화하는 데 민족주의를 적극 활용했다. 박정희와 김일성은 상반된 체제를 만들었다. 정작 두 체제는 민족주의에 터를 잡은 권위주의였다는 점에서는 공통점이 많다. 지금 전 세계를 휩쓸고 있는 자국 우선주의, 반反이민 정서도 민족주의를 국수주의나 포퓰리즘과 적당히 섞은 형태로 나아가고 있다.

대니얼 벨Daniel Bell의 『이데올로기의 종언』이나 프랜시스 후쿠야마의 「역사의 종언」 등은 한결같이 민족주의의 종말을 예측했다. 결과는 반대로 나타났다. 민족주의는 21세기에도 카멜레온처럼 다양한 형태로 변신하며 전 지구적으로 기승을 부리고 있다. 한편으로는 신자유주의에 기반한 세계화와 이로 인한 불평등의 심화가, 또 한편으로는 소수자·이민자 권익의 증진이 민족주의가 국수주의·포퓰리즘과 결합할 토양으로 작용했다. 특히 전자는 좌파에, 후자는 우파에 국수주의의 자양분을 제공했다. 좌파 포퓰리즘이 판을 치는 남미 국가들은 경제 파탄을 신자유주의 경제 질서 탓으로 돌리며 국민 정서를 자극하고 있다. 우파 국수주의가 득세하는 유럽이나 미국은 소수자와 이민자를 희생양으로 삼고 있다. 과거 급진적 민족주의가 확산된 것처럼 지금의 좌·우파 국수주의 모두 민족주의의 역기능인 셈이다. 후쿠야마 교수도 최근에는 '정체성의 정치'의 부활을 인정하면서 그 폐해를 걱정할 정도다.

민족주의의 과잉과
자유주의의 빈곤

한국과 일본에서 나타난 국수주의적 민족주의도 이러한 세계사적 흐름과 무관치 않다. 문재인 정부에서 '이순신 장군의 배 12척', '국채 보상 운동', '일본 제품 보이콧' 등을 거론하며 반일 정서를 부추겼던 행태는 민족주의적 혹은 국수주의적 포퓰리즘의 전형이었다. 이를 통해 경제 난국과 그간 대일 관계를 방치한 책임을 그릇된 애국주의로 일거에 대체해버리는 효과를 가져왔다. 당시 일본의 경제 보복 조치(화이트리스트)에 개탄만 하고 있었을 뿐 사태 해결을 위한 전략이나 사태의 근본 원인에 대한 성찰과 반성은 없었다. 그 대신 '의병, 죽창'을 호소하는 시대착오적 사고에서 벗어나지 못했다.

최근의 한일 간 경제 분쟁의 단초를 제공한 것은 2018년 10월 대법원의 강제징용 배상 판결이었다. 일본은 그동안 1965년 체결된 한일협정으로 강제징용 피해에 대해 개인에게 배상할 의무가 없다고 주장해왔다. 하지만 대법원은 이 협정이 정치적인 해석이며 개인의 청구권에 적용될 수 없다고 판단했다. 따라서 강제징용 피해자들이 일본 기업을 상대로 낸 손해배상 청구 소송에 대해 1인당 1억 원씩을 배상하라고 판결했다. 이에 반발한 일본이 한국을 화이트리스트에서 배제할 수 있다고 경고하면서 한일 관계는 급속히 냉각되었고 결국 현실이 되었다.

국내법과 국제조약(1965년 한일협정) 간의 괴리가 있었고, 국민 정서와 외교 논리가 강하게 부딪쳤다. 하지만 문재인 정부는 외교적 해법을 모색하기보다는 사법부의 영역이라며 '모르쇠'로 일관했다. 그러다 일본이 경제 보복으로 공격해오자 국민 감정에 호소하는 대응 전략을 택했다. '친일 대 반일', '애국 대 매국'이라는 이분법 프레임으로 외교 실책의 책임을 비켜가며 대일 투쟁을 극대화했다. 반일 감정만큼 효과적인 무기는 없었기 때문이다.

당시 민주당의 싱크탱크는 한일 갈등이 2020년 총선에서 유리하다는 보고서까지 작성했다. 국수주의적 포퓰리즘은 정치적으로 일시적 도움은 될지언정 한일 관계를 푸는 데 아무런 실익이 없다. 국민을 편 가르기 한 후유증도 만만치 않을 것이다. 그 피해는 국가와 국민이 고스란히 떠안을 테니 말이다. '굴욕외교'라는 소리를 들으며 일본에 손을 내민 윤석열 정부로서는 억울할 수 있다. 좌든 우든 국수주의적 포퓰리즘이 성공한 사례는 없다. 광복 후 한국의 민족주의가 주로 우파에 의해 활용되었다면 지금은 좌파의 무기로 사용되고 있다.

역사철학자 카를 포퍼Karl Popper는 『열린사회와 그 적들』에서 우파 민족주의와 좌파 마르크시즘을 '열린사회의 주적'이라고 역설했다. 그에 의하면 열린사회란 비판을 수용하고 진리의 독점을 거부하는 사회다. 여기서는 누구도 독단적 권리를 행사하지 못한다. 비판받지 않아도 되는 절대적 진리란 용인되지 않는다. 아무도 심판자일 수 없다. 과연 이 시점에서 한국이 열린사회로 가는 여정을 막는 주적은 무엇일까? 반일 감정으로 온 나라가 휩싸이기 십상인 상황에서 지금 이 질문에 대한 고민과 성찰 없이 한국이 열린사회로 나아갈 수는 없다.

식민 지배와 분단은 한반도에 '민족주의의 과잉과 자유주의의 빈곤' 현상을 빚어냈다. 남북한, 좌·우파 공히 자유주의보다 민족주의에 과도하게 의존했다. 반일 독립운동을 한 이승만은 그렇다 치더라도 민주화 이후 김영삼, 노무현, 이명박 정부 등 집권 세력은 좌우를 가리지 않고 지지율이 떨어지는 임기 후반기에 여지없이 반일 감정을 활용했다. 문재인 정부도 반일 감정에 힘입어 지지율이 오히려 급등했다. 반면 일본과의 관계 회복에 나선 윤석열 정부는 지지율 하락을 감수해야 했다. 카를 포퍼가 지금의 한국 사회를 본다면 어떤 심정일까? 아마 자신이 분류한 '열린사회의 적'에 대한 유형을 재고해야 할지 모른다. 현재 한국 사회에서 '열린사회의 적'은 우파 파시즘도 좌파 마르크시즘도 아닌 좌파 국수주의이기 때문이다.

역설적이게도 민주화를 위해 권위주의와 싸웠던 과거 운동권 세력이 한국이 열린사회로 가는 데 걸림돌이 되고 있는 것은 아닌지 곰곰이 생각해볼 문제다. 정치인들이 나서서 한국 사회를 '친일과 반일', '애국과 매국'으로 편 가르기 하는 것은 아무리 정치적인 행위라 치더라도 부끄럽기 짝이 없는 모습이다. 산업화와 민주화를 달성하고 G20 국가임을 자부하는 한국에서 있을 수 없는 일이다.

집단의 논리가
지배하는 사회

지금 필요한 것은 국민 정서를 자극하는 포퓰리즘적 민족주의가 아니다. 이성적 토론이 가능한 합리적 자유주의다. 자유주의에서 개인은 그 자체의 존엄을 가진 독립적 존재다. 스스로 판단하고 행동하고 책임져야 하는 개체다. 하지만 민족주의는 집단주의다. 개인은 그 자체로서 별 의미가 없고, 오직 민족이라는 집단의 일원으로서만 사고하고 행동해야 한다. 민족주의가 전체주의로 흐를 위험성이 여기에 있다. 친일파·매국노 담론은 '민족이냐 반민족이냐'는 단순한 선택을 강요한다. 개인의 자율성은 사라지고 집단의 논리만이 강요되는 이것이 바로 카를 포퍼가 말한 열린사회의 적이다. 항변할지 모른다. 대일 투쟁의 전열을 가다듬어야 할 때에는 개인의 선호도는 잠시 제쳐두고 함께 뭉쳐야 한다고. 아주 틀린 말은 아니다. 하지만 파시즘이든 볼셰비즘이든 집단의 논리가 지배하는 사회는 결국 파멸한다는 것이 역사의 엄중한 교훈이다.

일본의 '양심적 지식인'들은 일본 정부의 우파 국수주의를 비판한다. 군국주의 파시즘으로 패망한 역사적 경험을 뚜렷이 기억하고 있기 때문일 터다. 한국에도 열린사회의 적과 싸울 수 있는 양식 있는 지식인들의 용기와 행동이 필요하다. 지금이 과거와 같은 정치적 권위주의 시대는 아니지만, 이분법적 편 가르기와 자기 검열self-censorship이 엿보이는 모습은 안타까운 일이다. 일본을 이기려면 열린사회의 적과 맞서는 지식인이 일본보다 더 많이 나와야 한다.

혈통을 강조하는 종족적 민족주의는 이미 역사적 소임을 다했다. 같은 피를 나눈 공동체의 일원으로서가 아닌, 정치적·시민적 가치를 공유하는 공동체의 일원으로서 민족 개념을 재정립할 때다. 그래야만 민주적인 통일을 준비할 수 있다. 외국인 결혼 이주 여성, 조선족, 탈북민 등을 혈통에 관계없이 존중해야 열린사회가 될 수 있다.

대일 콤플렉스에서도 벗어나야 한다. 아직 일본이 한국보다 전체적인 국력에서 앞서 있기는 하지만 위축되거나 질시할 필요는 없다. 한국은 국제 무대에서 일본과 떳떳하게 경쟁할 만한 여력을 갖춰가고 있다. 삼성은 소니를 넘어섰고, K-팝은 J-팝을 능가하고 있다. 1인당 국민소득에서도 일본을 추월할 날이 머지않아 보인다. 식민 지배라는 뼈아픈 경험을 잊어서는 안 되지만 앞으로 나아가는 데 발목을 잡게 해서도 안 된다. 역설적이게도 극일을 하려면 반일을 넘어서야 한다.

'김대중-오부치 공동선언'이 떠오른다. 김대중 정부는 ① 임진왜란 7년, 식민지 지배 36년을 제외하고 한일 관계가 비교적 양호했다는 역사 인식하에 ② 시장경제, 자유민주주의, 미국과의 동맹 등 양국이 공유하는 보편적 가치를 강조하며 ③ 실질적인 국익을 위한 대일 정책의 성격과 영역을 규정했다. 1998년에 이루어진 이 선언은 한국이 IMF 외환위기와 전임 김영삼 정부의 '역사 바로 세우기' 운동으로 경제난과 한일 갈등이 최고조에 달했을 시기에 이루어졌다. 국수주의 감정을 자극하는 포퓰리즘 대신 현실적 실용주의를 택한 것이다. 지금 대일 관계에서는 김대중-오부치 정신을 이어갈 수 없는 것일까?

한일 갈등은 시간이 지나면 어떤 형태로든 봉합되었다. 감정이 폭발한 후 일정한 냉각기를 거치면 다시 현실로 돌아오는 것이다. 하지만 민족주의의 과잉화를 막고 합리적 자유주의를 고양하지 않는다면, 언제 또다시 터질지 모를 활화산과 같다. 전 지구적으로 불고 있는 포퓰리즘과 국수주의의 광풍에서 대한민국을 지켜야 한다.

우크라이나 전쟁과
민주주의 연대

러시아의
우크라이나 침공

국제사회에 회오리바람이 불고 있다. 러시아의 우크라이나 침공으로 시작된 이 바람은 국제질서의 급격한 변화 조짐을 알리고 있다. 1941년 나치 독일의 우크라이나 침공에 비견되는 이번 사태는 제2차 세계대전 이후 유럽에서 벌어진 최대·최악의 전쟁이 되고 있다. 신냉전의 도래, 심지어 제3차 세계대전으로 번질 가능성에 대한 경고까지 나오는 이유다. 우크라이나의 결사 항전과 미국·유럽의 지원으로 러시아가 원했던 압승은 좌절되었다. 이후 전개될 국제질서의 변화는 예단하기가 쉽지 않다. 1945년 이후 수립된 미소 냉전시대, 1991년 소련 해체 이후 이어진 세계화 시대처럼 대전환의 변곡점이 될 가능성이 큰 것만은 분명해 보인다.

국제사회의 긴박함과는 달리 한국에서는 무관심을 넘어 한가로움까지 느껴진다. 2022년 3월 대선 당시 이재명 후보는 "초보 정치인이 대통령이 되어 나토 가입을 공언하고 러시아를 자극하는 바람에 결국 충돌했다"고 윤석열 후보를 빗대어 저격했다. 국민의힘에서는 우크라이나가 핵무기가 없어 러시아에 당했다며 문재인 정부를 공격하는 데 초점을 맞추었다. 볼로디미르 젤렌스키Volodymyr Zelensky 우크라이나 대통령이 2022년 4월 11일 서울 국회도서관 대강당에서 화상 연설을 했을 때 의원 300명 중 겨우 60명 정도만 참석했다. 빈자리가 없을 정도로 꽉 찼을 뿐만 아니라 연설 후 의원들이 기립 박수를 보냈던 미국·일본·영국·독일·프랑스 등과 대조된다. 한국 밖 언론은 6·25전쟁을 겪은 한국인들이 전쟁의 참혹상보다는 러시아산 킹크랩의 가격이 떨어진 데더욱 관심이 크다고 비꼬았다.

이런 가운데 스탠퍼드대학에 연수차 와 있는 우크라이나 출신 방문학자와 대화할 기회가 있었다. 물리학 박사로 정부 고위직에 있다가 1년간 연수를 온 그는 "러시아의 침공은 전혀 새로운 일이 아니고 우크라이나인들은 수백 년간 있어온 일이라는 역사적 인식을 갖고 있다"고 말했다. 2014년에는 우크라이나 영토였던 크림반도를 러시아가 강제로 합병한 바 있다. 강대국에 둘러싸여 있는 한국이 역사적으로 수많은 침략을 받은 것과 유사하다. 현재 진행 중인 러시아와의 전쟁 결과가 어떻게 되겠느냐고 물었더니 그는 "결국 우리가 승리할 것이다"고 힘주어 답했다. 그러면서 한국과 같은 민주주의 국가들이 러시아 침공의 잔혹상에 대해 단호한 목소리를 내야 하며 국제규범과 질서를 수호하는 데 힘을 합쳐야 한다고 호소했다.

지리적으로 멀리 떨어져 있고 당장 안보·경제 위협을 느끼지 않는 한국으로서는 러시아의 침공이 갖는 심각성을 잘 이해하지 못할 수 있다. 일부에서는 나토의 동진東進을 막기 위한 불가피한 행위라는 러시아의 의견에 동조하거나, 심지어 미국이 유럽에서 영향력을 강화하려는 술책이라는 식의 음모론마저 존재한다. 이번 침공을 계기로 현존하는 국제규범과 질서가 흔들리고 새로운 판이 짜이면 한국에 미치는 영향이 결코 적지 않음을 직시해야 한다. 이번 침공을 보면 1945년 일본의 패망과 한반도의 분단, 1991년 소련의 해체 이후 혼란과 지각 변동을 맞았던 상황과 오버랩된다. 다행히도 한국은 그간 지정학적 위기를 기회로 만들어 선진국으로 발돋움했지만 다가오는 도전이 결코 만만치 않다.

윤석열 정부는 요동치는 지정학적 변화의 방향을 잘 읽고 한국호號가 순항할 수 있도록 대외정책을 펴야 한다. 국제질서가 '민주주의 대 권위주의'로 급격히 재편된다면 전략적 모호성이나 안미경중安美經中(안보는 미국, 경제는 중국), 대북 중재자(운전자)와 같은 패러다임이나 환상이 더는 통할 수 없다. 경제적 이해가 중요하고 남북 관계라는 특수성을 고려한다고 해도 인권·민주주의·주권 등 국제규범과 가치에 기반을 둔 외교안보 정책을 펴야 한다.

푸틴의 잔혹한
전쟁범죄

한국은 국제사회의 책임 있는 구성원으로서 러시아가 벌이는 제국주의적 행태를 방관해서는 안 된다. 국제사회가 인정하는 한 국가의 자결권을 강대국이 무력으로 짓밟는 행위는 한국도 역사적으로 처절하게 경험한 바 있다. 특히 우크라이나에서 광범위하게 일어나고 있는 전쟁범죄에 대해 분명하게 비판의 목소리를 내야 한다.

전쟁범죄는 전쟁 중 일어나는 각종 범죄행위, 즉 민간인이나 군사 목표물이 아닌 거주지나 병원 등 민간 시설에 대한 고의적 공격, 독성 무기 사용, 강간, 강제 성매매 등 인간 존엄성에 대한 유린 행위 등을 말한다. 2022년 2월 24일 우크라이나를 침공한 러시아군이 우크라이나 곳곳에서 벌인 잔인무도한 행위는 차마 눈뜨고는 보지 못할 지경이다. 부차Bucha, 보로댠카Borodyanka, 모티진Motyzhyn 등에서 자행된 민간인 집단학살과 피란민 이동 경로 폭격, 산부인과와 학교 공습 등으로 인한 아동들의 사망 등 21세기 국제사회에서 상상조차 힘든 행위가 자행되었다.

토니 블링컨Tony Blinken 미국 국무부 장관은 "러시아군에 의한 고문, 강간, 살인에 대한 더 많은 믿을 만한 보고들이 있다"고 말했다. 러시아군이 우크라이나에서 지금껏 드러난 것보다 많은 잔혹 행위를 저지르고 있을 가능성을 시사한다.

전쟁범죄는 세계사에서 새로운 일은 아니다. 제2차 세계대전 이후만 해도 베트남, 캄보디아, 옛 유고슬라비아, 시리아, 미얀마 등 세계 각국에서 전쟁범죄가 발생했다. 하지만 러시아가 우크라이나에서 벌이고 있는 잔혹한 범죄행위와는 수위와 강도 면에서 비교할 바가 아니다. 내전 과정에서 벌어진 전쟁범죄와 달리 러시아는 엄연한 주권국가인 타국 국민을 상대로 범죄행위를 자행했다. 피오나 힐Fiona Hill 전 미국 백악관 고문은 영국 『더타임스』 인터뷰에서 "블라디미르 푸틴 러시아 대통령의 목표는 우크라이나 '장악'이 아니라 '절멸'"이라며, 그가 우크라이나인 말살을 최종 목표로 삼고 있다고 단언했다. 조 바이든 역시 러시아군의 범죄행위를 '제노사이드genocide(인종학살)'로 규정했다.

러시아가 우크라이나인들을 말살하는 제노사이드를 목표로 하고 있는지는 아직 단정할 수 없지만, 국제사회는 푸틴을 전쟁범죄 재판에 회부해야 한다고 목소리를 높이고 있다. 푸틴을 단죄할 가장 확실한 방법은 그를 국제형사재판소ICC에 세우는 것이다. ICC는 3월부터 러시아군의 전쟁범죄 위반 수사에 착수했다고 발표했지만 러시아는 2016년에 ICC에서 탈퇴했고, ICC가 공권력을 동원할 수 없어 전쟁범죄 용의자를 체포하려면 해당국의 협조가 필요해 실현될 가능성은 희박하다(ICC는 2023년 3월 푸틴을 전쟁범죄에 책임이 있다며 체포 영장을 발부했다).

ICC는 궐석 재판을 열지 않기 때문에 푸틴이 자국에서 체포되지 않는 한 재판을 진행할 수도 없다. 옛 유고슬라비아 내전 당시 인종학살을 자행한 세르비아의 슬로보단 밀로셰비치Slobodan Milošević가 전쟁범죄로 법정에 섰다. 이와 달리 푸틴을 처벌할 방법은 마땅치 않은 것이 현실이다. 그럼에도 한국은 국제사회의 제재에 적극 동조하고 참여해야 한다.

샤프 파워의
위협

러시아의 우크라이나 침공은 글로벌 민주주의 침체기에 발생했다는 점에서 더욱 심각하다. 1980년 이후 매년 각국의 '자유 지수freedom index'를 발표하는 프리덤하우스의 2021년 보고서에 따르면, 최근 15년 동안 매년 자유 지수가 후퇴한 나라의 숫자가 진전된 나라의 숫자보다 많았다. 1970년대 이후 진행된 '제3의 민주화 물결'이 제3의 후퇴기를 맞고 있다. 코로나19 팬데믹 기간 방역을 핑계로 개인의 자유를 침해하거나 선거를 연기하는 등 권위주의의 경향도 세계 곳곳에서 나타났다. 대표적 사례인 헝가리의 빅토르 오르반Viktor Orbán은 2022년 4월 3일 선거에서 압승하며 5선 총리가 되어 위세를 과시했다.

특히 중국과 러시아 등 샤프 파워sharp power가 미치는 영향에 대한 우려가 커지고 있다. 샤프 파워는 군사력·경제력 같은 '하드 파워'나 문화적 힘인 '소프트 파워'와 달리 비밀스럽게 영향력을 행사하는 방식을 뜻한다. 음성陰性 자금이나 경제적 영향력 혹은 스파이 등을 동원해 비밀스럽게 상대국을 압박해 자국 의도대로 움직이게 하는 힘이다. 권위주의 정부가 은밀하게 펼치는 정보전이나 이데올로기 전쟁 등이 대표적 예다.

민주주의 연구의 권위자인 스탠퍼드대학의 래리 다이아몬드 교수는 『불길한 영향Ill Winds』에서 미국을 비롯한 자유민주주의 진영이 중국과 러시아의 샤프 파워를 막지 못하면 민주주의의 미래는 어둡다고 경고했다. 러시아는 2016년 미국 대선에 개입하면서 샤프 파워를 과시했다. 과거 독일의 파시즘(우파)과 소련의 볼셰비즘(좌파)이 자유민주주의와 국제질서를 파괴했다면 지금은 중국과 러시아가 행사하는 샤프 파워가 글로벌 민주주의에 위협으로 작동한다. 이런 와중에 러시아의 우크라이나 침공이 이루어졌다.

이 침공이 세계화 시대의 종언을 알리는 사건이라는 주장도 힘을 얻고 있다. 『뉴욕타임스』 칼럼니스트 데이비드 브룩스David Brooks는 2022년 4월 8일 칼럼에서 "세계화는 끝났다globalization is over"고 선언했다. 냉전이 종식된 이후 1990년대 미국 주도의 글로벌리제이션으로 세계는 하나의 지구촌이 되는 듯싶었다. 한국도 김영삼 정부의 세계화 정책으로 글로벌 흐름에 동참했다. 신자유주의적 글로벌화가 한창이던 2001년 발생한 9·11테러는 매우 충격적이었고, 이라크 전쟁으로 이어졌지만 국제질서를 바꿀 만한 사건은 아니었다.

지금은 상황이 훨씬 더 심각하다. 민주주의의 쇠퇴와 함께 세계 곳곳에서 무역 장벽이 높아지고 있다. 미국을 비롯한 서구 사회에서도 반이민 정서가 광범위하게 퍼졌다. 미국의 트럼피즘이나 영국의 브렉시트Brexit는 이러한 글로벌 흐름을 상징하는 사건이다. 코로나19 팬데믹으로 공급망이 원활하지 못한 가운데 국가 간 무역 장벽이 높아져 거래가 막히고 물가가 출렁이면서 많은 국가가 인플레이션으로 신음하고 있다. 무역 의존도가 높은 한국에 주는 충격은 더욱 크다. 타국에 대한 의존도를 줄이려고 하면 세계화와 반대 현상이 벌어진다.

이에 편승해 국수주의를 내세운 포퓰리스트 리더들이 득세하고 있다. 21세기 포퓰리스트의 특징은 반기득권과 반다원주의다. 중국과 러시아는 글로벌 차원에서 포퓰리스트 리더가 되고 있다. 한반도가 냉전의 첫 시험대였듯이 우크라이나가 새로운 대결 구도(민주주의 대 권위주의)의 첫 시험대가 될지도 모른다는 경고음이 나온다.

미국과 유럽연합의 강력한 대러對露 제재는 이러한 절박함을

우크라이나 전쟁과 민주주의 연대

반영하고 있다. 우크라이나 침공 후 유엔 안전보장이사회가 힘을 못 쓰자 미국은 유럽연합과 공조해 대러 제재를 단행했다. 침공 이틀 만에 러시아 은행을 국제은행간결제시스템SWIFT에서 배제했다. 미국의 바이든이 "역사적으로 가장 광범위하고 강력한 제재"라고 했을 정도로 위력이 큰 '충격과 공포shock and awe'식 제재가 군사작전처럼 신속하게 이루어졌다. 1조 달러 이상의 러시아 자산이 동결되었고 루블화는 폭락했다. 세계 11위 경제국이 파산 위기에 내몰릴 정도로 파급력이 컸다.

애플, 구글, 액손모빌, 맥도날드 등 300여 개의 글로벌 기업이 러시아에서 철수했다. 얼마 전 만난 구글의 한 고위 관리는 나에게 "전쟁이 끝나도 구글이 다시 러시아에 들어가기는 쉽지 않을 것"이라고 단언했다. 국제사회의 초강력 대러 제재와 우크라이나 지원은 젤렌스키를 중심으로 한 우크라이나인들의 반러 항전을 북돋는 역할을 했다. 독재자 푸틴에 맞서 싸우는 우크라이나인들을 돕자는 국제 여론도 거세지고 있다.

중국과 러시아의
느슨한 협력

러시아의 우크라이나 침공은 미국의 대외정책에도 큰 영향을 미치고 있다. 바이든 행정부의 정책 기조인 인도·태평양 전략은 일본·호주·인도를 축으로 한 쿼드QUAD

를 통해 중국의 부상을 견제하는 데 있다. 2022년 초까지만 해도 미국 조야朝野에서는 러시아의 우크라이나 침공보다 중국의 타이완 침공 여부에 촉각을 곤두세웠다. 바이든 행정부가 국내외 여론의 질타에도 신속히 아프가니스탄 철수를 감행한 이면에는 인도·태평양 전략에 집중하자는 의도가 담겨 있다. 미국으로서는 러시아의 우크라이나 침공으로 다소 소원했던 유럽과의 연대가 두터워진 것은 소득일지 몰라도, 이제는 중국과 러시아를 함께 상대해야 해서 부담이 더 커졌다. 쿼드의 핵심인 인도가 대러 제재에 적극 동참하지 않는 점도 미국으로서는 신경 쓰이는 대목이다.

푸틴이 소련 제국의 재건을 꿈꾼다면 중국의 시진핑은 중화주의의 부활을 꿈꾼다. 홍콩을 '중국화'한 데 이어 타이완마저 무력으로 흡수할지 모른다는 우려가 커지는 이유다. 중국이 야심만만하게 주도하는 일대일로一帶一路에는 단순한 경제협력을 넘어 경제 지원을 고리로 새로운 국제 블록을 형성하려는 의도가 짙게 깔려 있다. 미중 무역 갈등을 넘어 하이테크 분야를 중심으로 디커플링decoupling(탈동조화)이 가속화하고 있으며, 미국은 이에 맞서 경제의 안보화를 추진하고 있다. '인도·태평양 경제 프레임워크 Indo-Pacific Economic Framework, IPEF'는 이러한 미국의 전략을 반영한 것이다.

중국이 아직은 러시아와 느슨한 협력을 하고 있지만, 글로벌 포퓰리스트의 리더인 푸틴과 시진핑이 손을 잡고 국제질서의 재

우크라이나 전쟁과 민주주의 연대

편을 노릴 수도 있다(2023년 3월 22일 푸틴과 시진핑은 정상회담을 하고 공동성명을 발표했다). 여기에 또 다른 포퓰리스트인 인도의 나렌드라 모디Narendra Modi 총리도 미국과 유럽연합의 대러 제재에 동참하지 않고 거리두기를 하면서 가격이 하락한 러시아산 원유를 적극 수입하는 등 모호한 자세를 취하고 있다.

유럽에서는 러시아에 과도하게 의존하는 에너지에 대한 위기감뿐만 아니라 '중국발發 안보 위기론'도 고조되고 있다. 유럽과 중국은 그동안 신장위구르 자치구 인권 탄압과 중국 기술에 대한 금수禁輸 조치 등으로 여러 차례 갈등을 빚으면서도 기본적으로 경제적 우호 관계를 유지해왔다. 하지만 러시아의 우크라이나 침공을 계기로 중국을 바라보는 유럽의 시선도 크게 달라졌다. 러시아에 우호적인 중국에 대한 높은 경제 의존도가 지속되는 한 러시아뿐만 아니라 중국도 유럽에 치명적인 비수匕首가 될 수 있다는 우려가 독일을 비롯한 유럽에서 커지고 있다. 러시아 주재 미국 대사를 지낸 바 있는 마이클 맥폴Michael McFaul은 이 전쟁에서 누가 이기는가 하는 것은 자유주의적 국제질서의 미래에 매우 중요하다고 역설하고 있다. 러시아가 승리하면 중국의 타이완 침공에 대한 유혹은 더욱 커질 것이고 현재의 국제질서는 커다란 변곡점을 맞을 것이라는 주장이다.

한국도 러시아의 우크라이나 침공을 먼발치 남의 집 불구경하듯 해서는 안 된다. 이 전쟁의 결과가 한국에 미치는 파급 효과가 생각보다 빠르고 크게 나타날 수 있다. 국제질서가 급변할지 모르는 상황에서 전략적 모호성이나 무관심은 매우 위험하다. 문재인 정부에서 나타났던 전략적 모호성과 대북 일변도의 외교안보 정책은 한국을 국제사회에서 고립시키는 결과를 낳았다. 더구나 러시아의 우크라이나 침공은 국제정치에서 가치와 규범이 중요하다는 점을 새삼 깨닫게 해준다. 한 국가의 국민이 자신들의 삶과 미래를 결정하는 자결권은 국제사회가 인정하는 근본 가치이자 규범이다. 이를 강대국이 무력으로 짓밟는 제국주의적 행태는 절대 묵인하거나 용납해서는 안 된다.

무임승차는
없다

안보와 경제를 분리했던 '안미경중'의 패러다임은 수명을 다했다. 가치 연대에 대한 심각한 고민을 할 때가 되었다. 경제적 이해가 중요하더라고 이를 넘어서는 더 근본적인 가치와 체제, 이른바 '핵심 이익'에 대한 합의가 필요하다. 젊은 층을 중심으로 일고 있는 반중 정서는 반자유주의적이고 권위주의적인 중국에 대한 거부감에 기인한다. 한국의 미래 세대는 권위주의가 아닌 자유주의에 기대기를 원하는 것이다. 이러한 반중 정서는 글로벌 흐름이기도 하다. 2021년 퓨리서치센터가 전 세계적으로 실시한 설문조사를 보면 일본(88퍼센트), 스웨덴(85퍼센트),

호주(78퍼센트), 미국(76퍼센트), 영국(74퍼센트), 독일(71퍼센트) 등 17개 선진국에서 중국에 대한 반감이 사상 최고를 기록했다. 한국도 77퍼센트로 사상 최고치였다.

대북 정책에서도 남북 관계의 특수성을 지나치게 강조하거나 북미 간 중재자라는 환상은 버려야 한다. 러·중·북의 권위주의 대 미·유럽·한 민주주의 사이의 대결이라는 국제관계의 큰 틀 속에서 대북 정책도 펴야 한다. 미국과 유럽 간 안보협력이 강화되는 상황에서 한국도 유럽과의 관계를 강화해야 한다. 윤석열이 당선인 시절 미국·일본에 이어 유럽에 특사단을 파견한 것은 시의적절했다. 한미동맹 역시 권위주의에 맞서는 민주주의 진영과의 폭넓은 관계 강화로 이어져야 한다.

반중 노선을 천명하거나 북한을 괜스레 자극할 필요는 없다. 그러나 한국도 국제사회에서 존중받는 보편적 가치, 즉 민주주의와 인권, 주권, 국제규범에 대한 준수 의지를 더욱 분명하게 천명해야 한다. 물론 대중 관계에서 경제 등 현실적 이익 때문에 고민이 깊어질 수 있고, 남북 관계의 특수성 역시 마냥 무시할 수 없다는 점은 어려운 과제다. 하지만 다른 나라도 어렵기는 마찬가지다.

1945년 이후 자유민주주의 국제질서하에서 혜택을 많이 받은 나라 중 하나가 한국이다. 이제는 한국이 민주적 규범과 질서를 유지하는 데 기여할 차례다. 무임승차란 없다. 세계 10위권 선진국의 의무도 있다. 민주주의가 권위주의에 패하면 한국의 미래도 없다. 미국 내 지식인이나 정책 담당자들은 러시아의 우크라이나 침공이 한국의 대외 전략에 어떤 영향을 미칠지 예의 주시하고 있다. 권위주의 세력과 힘겨운 싸움을 벌이고 있는 민주주의 진영을 지원하기를 바라는 심정일 것이다.

국제질서의
변곡점

러시아의 우크라이나 침공을 보면서 청일전쟁, 러일전쟁, 6·25전쟁으로 점철된 근대 한국의 쓰라린 경험이 포개진다. 그럼에도 굴하지 않고 오늘의 한국을 이룬 자랑스러운 역사도 오버랩된다. 19세기 말 국제 정세의 변화를 제대로 읽지 못해 식민지로 전락한 역사, 1945년 분단의 혼란 속에서 공산주의가 아닌 자유 진영을 선택해 오늘의 한국을 이루어낸 저력, 1991년 냉전이 종식된 이후 북방 정책을 통해 한반도의 평화를 구축한 경험이 떠오른다. 1945년과 1991년 이후 재편된 국제질서 속에서 올바른 방향타를 잡는 데 결정적 역할을 했던 이승만·노태우 정부가 보수 진영이라는 점은 특히 흥미롭다.

19세기 말 제국주의가 기승을 부리자 조선의 리더와 지식인은 대체로 세 그룹으로 나누어졌다. 첫 번째는 서재필·이승만 등으로 대표되는 '문명개화론'으로 서구 문물을 적극 받아들여 근대적 개혁에 나서자는 주장이다. 두 번째는 일본·중국 등 주변 아시아 국가와 연합해 서구 제국주의를 몰아내자는 '아시아 연대론'으로 안중근의 '동양평화론'도 여기에 속한다. 마지막으로 신채호·박은식으로 대표되는 '민족주의론'이 있다.

하지만 국론은 사분오열되었고 근대적 개혁에 실패한 조선은 일본의 식민지로 전락했다. 서재필·이승만은 고국을 떠나 미국으로 갔다. 일본의 배신에 울분을 토하던 안중근은 '아시아 연대론'의 대표 격인 이토 히로부미伊藤博文를 암살했다. 민족주의론은 이광수 등에 의해 개량주의로 변모했고 결국 신채호는 아나키스트로 변신했다. 지정학적 변화의 흐름을 읽지 못하고 개혁에 실패했던 지도자와 나라의 운명을 잘 보여주는 사례다.

1945년 일본의 패망과 함께 한반도는 또다시 격랑의 파도에 휩쓸렸다. 식민 지배에서 해방된 한반도는 강대국의 이해관계에 의해 남북으로 분단되었다. 광복 후의 혼란과 6·25전쟁으로 엄청난 인명 피해를 겪었다. 국제질서가 냉전 구도로 급변하는 시기에 공산 진영에 선 북한과 달리 다행히 한국은 자유 진영을 택했다. 아이러니하게도 당시 국내 정세에 가장 어두웠던 이승만은 국제 정세에 가장 밝은 지도자였고, 한국이 자유 진영에 속하는 데 결정적 역할을 했다. 한국이 공산국가가 되었다면 현재의 모습은 어떠했을지 상상만 해도 끔찍하다. 독재로 얼룩진 부정적 평가에도 국제 정세의 흐름을 읽었던 이승만의 혜안은 인정해야 한다.

1990년대에 냉전 구도가 해체되면서 한국은 또다시 국제질서의 변곡점을 맞게 되었다. 1989년에 생각하지도 못하게 독일의 베를린 장벽이 무너졌고, 1991년 소련이 해체되었다. 기존의 국제질서가 빠르게 해체되는 혼란 속에서 노태우 정부는 역사적 기회를 놓치지 않았다. 1990년 한소 수교, 1991년 남북한 유엔 동시 가입, 1992년 한중 수교가 숨 가쁘게 이어졌다. 일부 보수층의 반발을 무릅쓰고 과감한 북방 정책을 통해 한반도의 평화를 구축하고 지속적인 발전을 이룩할 기틀을 마련했다. 어쩌면 중국과 러시아에 의해 국제 정세가 요동치는 지금이 이들과의 관계를 재정립하는 신북방 정책이 필요한 시점인지도 모른다. 물론 그 핵심은 권위주의에 맞서는 민주주의 연대에 있다.

러시아의 우크라이나 침공이 일으킨 회오리바람이 어떤 방향으로 귀결될지는 정확히 예측하기 어렵다. 그 방향과 강도를 예단하기는 쉽지 않다. 분명한 점은 기존의 국제규범과 질서가 그대로 유지되지 않을 것이고, 한국에 미치는 영향 역시 적지 않을 것이란 점이다. 이미 한국은 한가운데에 자리하고 있는지도 모른다. 태풍의 눈 속에 있으면 그 위력을 잘 보지 못하다가 지나간 후에야 피해를 통감하는 것처럼 말이다. 몇 년 후에는 피부로 체감하겠지만, 그때는 이미 늦었을지도 모른다.

중국은 미국을
추월하지 못한다

투키디데스의
함정

미국과 중국의 갈등이 전방위적으로
확산하고 있다. 양국 관계가 여러 분야에 걸쳐 중첩되어 있는 만큼
갈등 역시 무역 통상·첨단기술·금융·군사안보·인재 확보·이념
등 전역에 걸쳐 전개되는 양상이다. 중국과 수교하는 데 결정적 역
할을 했던 헨리 키신저Henry Kissinger 전 미국 국무부 장관은 장기
적 '신냉전의 초입Foothills of a Cold War'에 들어섰다며, 이대로 방
치하면 제1차 세계대전보다 더 심각한 결과를 가져올 수 있다고
경고했다.

제2장 – 자유주의와 안보

'중국몽中國夢'을 외치는 중국 시진핑 주석은 세 번째 집권으로 '위대한 투쟁'을 위한 전열을 가다듬고 있으며, 미국의 조 바이든 행정부는 '메이드 인 아메리카'라는 기치하에 촘촘한 입법 그물망으로 중국을 더욱 압박하고 있다. 더 나아가 미국은 인도·태평양 경제 프레임워크, 칩Chip4(미국, 한국, 일본, 타이완의 반도체 산업 동맹) 등 경제·안보 프레임을 만들고 동맹국의 참여를 독려하면서 경제의 안보화를 가속화하고 있다. 티베트, 신장위구르 자치구 등 중국의 인권 문제를 거론할 뿐만 아니라 타이완 문제를 놓고 군사적 충돌 위험까지 고조되고 있다.

미중 갈등이 심화할수록 한국을 비롯한 많은 국가는 곤혹스러울 수밖에 없다. 과거 냉전시대에도 미소 충돌이 심각했고 1980년대에는 미일 갈등이 있었지만, 지금처럼 누구 편을 들어야 하는지에 대한 고민은 없었다. 냉전시대에는 자본주의와 공산주의 진영이 뚜렷하게 나뉘어 있었다. 일본은 여전히 미국의 안보 우산 아래 있었기 때문이다. 지금은 상황이 매우 다르며 한국에 미치는 영향도 예외가 아니다.

전방위적으로 심화하는 미중 갈등 속에서 한국은 어떻게 대처해야 하는가? 안미경중의 패러다임은 수명을 다했지만 윤석열 정부가 주창하는 자유주의 가치 연대로 이 난국을 헤쳐갈 수 있을까? 국제 정세와 더불어 국내 정서의 움직임도 변수다. 반중 정서가 반일 정서를 넘어 확산 일로를 걷고 있으나, 한국산 전기자동차에 대한 보조금 제외로 미국에 대한 불만도 터져 나오는, 매우 복잡하고도 미묘한 상황이다. 이러한 문제의식하에 미중 갈등의 본질과 팍스 아메리카나Pax Americana의 지속 여부를 파악하고 첨예화하는 미중 갈등 상황에서 한국이 가야 할 길을 모색해봐야 한다.

미중 갈등의 심각성을 경고하는 대표 논거가 '투키디데스의 함정Thucydides Trap'이다. 펠로폰네소스 전쟁은 고대 그리스 문명 쇠퇴의 주된 원인으로 꼽힌다. 군인이자 역사학자인 투키디데스Thukydides는 신흥 강국 아테네의 부상과 이를 견제하려는 패권국 스파르타의 갈등에서 전쟁이 시작되었다고 서술했다. 이후 국제관계 이론에서 신흥 강국과 패권국 간의 긴장 관계를 설명할 때 '투키디데스의 함정'이라는 표현이 쓰이게 되었다. 그레이엄 앨리슨Graham Allison 하버드대학 교수는 『예정된 전쟁』에서 이 시각으로 미중 관계를 설명해 큰 반향을 일으켰다. 15세기 말 포르투갈과 스페인 간 충돌을 시작으로 지금까지 패권국과 신흥 강국 사이의 갈등은 16번이 있었고, 그중 4번을 제외하고 모두 전쟁으로 이어졌다. 새로운 세력이 지배 세력을 대체할 정도로 위협적일 경우 그에 따른 구조적 압박이 무력 충돌로 이어지는 현상은 법칙에 가깝다는 것이다.

앨리슨 교수는 이러한 역사적 경험에 근거해 '미국 우선주의'와 '중국몽'이 부딪치는 미중 갈등의 폭과 깊이가 우리가 생각하는 것보다 훨씬 넓고 깊다고 경고했다. 타이완을 놓고 미중 군사적 충돌이 벌어질 가능성도 고조되고 있다. 그럼에도 여전히 전면적인 패권 전쟁으로 이어질 가능성은 크지 않다. 그 대신 첨단 과학기술 분야 등을 중심으로 경쟁과 갈등이 심화하고 장기화할 것으로 보인다.

중국제조 2025와
중국몽

　　　　　　도널드 트럼프 행정부 시기 미중 무역 갈등이 불거졌다. 그 시발점에서 중국 정부가 2015년에 내놓은 '중국제조中國製造 2025'가 미국 등 서구 사회의 주목을 받았다. 서문에는 다음과 같이 쓰여 있다. "국제적 경쟁력을 가진 제조업 기반을 건설하는 것은 중국의 종합 국력을 높이고, 국가안보를 지키며 세계의 강대국이 되는 유일한 방법이다."

　강대국이 되는 '유일한 방법必由之路'이라고 명명한 데서 볼 수 있듯 이는 중국의 단순한 산업발전 계획이 아니라 사활을 건 '국가안보' 차원의 전략이라는 속내가 담겨 있다. '중국제조 2025'는 빅데이터·정보기술·항공 산업·신소재·인공지능·생명과학 등 첨단 제조업 중심으로 기술 도약을 추구하며, 2025년까지는 한국과 프랑스를 따라잡고, 2035년까지는 일본과 독일을 추월한 후에, 2049년에는 마침내 미국을 제치고 주요 산업에서 세계 제조업 1위가 되는 것을 목표로 한다.

‘중국제조 2025’가 미국 등 서구 사회에서 주목을 받고 논란이 되자 중국 정부는 슬그머니 이 용어를 접었다. 하지만 내부적으로는 꾸준히 추진하고 있다. 2021년 양회兩會에서 중국 정부는 첨단기술 개발 추진 과정에서 중국의 취약점인 미국 주도의 글로벌 가치사슬Global Value Chain에 대한 의존도를 줄이기 위해 내수 확대 중심의 쌍순환雙循環 경제 전략에 역점을 두겠다는 의지를 더욱 다졌다.

중국이 역점을 두는 첨단기술 분야인 드론·인공지능·안면인식 기술 등은 정찰위성과 무인정찰기 등 군사기술 분야에도 응용될 수 있다. ‘군·민 간 협력’을 책임지는 ‘군민융합발전위원회軍民融合發展委員會’ 위원장이 바로 시진핑 주석이다. 즉, 국가 최고지도자가 미국에 대한 야심만만한 도전을 진두지휘하고 있다. 2022년 양회에서 시진핑은 미중 경쟁 심화 속에서도 오히려 중국이 ‘전략적으로 유리한 조건’에 있다고 강조했다. 그러면서 ‘중국몽’에 더해 ‘강군몽强軍夢’ 실현을 위해 첨단기술을 기반으로 한 군 기계화와 정보화에 기초한 현대화 전략 추진을 밝혔다. 경제성장률 저하에도 국방 예산은 오히려 7.1퍼센트 늘렸다.

시진핑의 성정性情을 분석하는 연구자들은 그를 ‘이념적 순수주의자ideological purist’라고 부른다. 사회주의를 진심으로 믿는 사람이라는 것이다. 중국 부상의 역사적 ‘기회 의식’과 사회주의를 21세기에 다시 구현하려는 ‘소명 의식’으로 무장한 시진핑은 미국과 갈등을 빚는 것을 마다하지 않는다는 점에서 이전 지도자들과 다르다. 시진핑은 2022년 10월 1일 당 이론지 『추스求是』기고문에서 "역사적으로 어느 때보다 중화민족의 위대한 부흥이라는 목표에 가까워졌고 이를 실현할 자신감과 능력이 있다"며 "위대한 투쟁을 위한 준비를 해야 한다"고 역설했다. 당 총서기직 세 번째 연임을 확정하는 중국 공산당 제20차 전국대표대회를 2주 앞둔 시점에서 강력한 리더십으로 미국과의 경쟁 등에 대비해야 한다고 강조한 것이다.

시진핑 정부는 '중화민족의 위대한 부흥이라는 중국몽'을 이룩한다는 시대정신Zeitgeist을 기반으로 경제적·군사적으로 명실 상부한 세계 1등 국가가 되는 것을 목표로 하고 있다. '중국몽'의 완성 시점을 2049년으로 설정한 것도 결코 우연이 아니다. 중국 공산당이 국공 내전에서 국민당에 승리하고 이른바 '신중국新中國'을 건설한 지 100주년이 되는 해로 시진핑이 2017년 제19차 전국대표대회에서 2050년까지 '사회주의 선진국'을 건설하겠다고 한 점과 맥락을 같이한다. 중국의 도전은 야심만만하고, 미국이 민감하게 반응하는 것은 당연하다.

미국 우선주의와
'메이드 인 아메리카'

2016년 대선에서 '미국 우선주의'를

외치며 대통령에 출마한 도널드 트럼프의 최대 타깃은 중국이었다. 중국 때문에 미국 내 일자리가 감소했으며, 중국의 불공정한 시장 개입과 무역 관행으로 미국이 커다란 불이익을 받고 있다고 주장하며 당선되었다. 특히 제조업 분야에서 일자리가 대폭 감소한 미 중서부의 '러스트 벨트rust belt' 지역에서 백인 블루칼라층의 대대적인 지지를 획득하며 승리의 발판을 마련했다. 이곳은 미국 선거 구도에서 중요한 '스윙 스테이트swing state' 지역이기도 하다.

대통령이 된 이후에도 트럼프는 지속적으로 대중 강경 노선을 추진했다. 실례로 트럼프 행정부에서 추진한 '5G 보호 법안 H.R. 2881: Secure 5G and Beyond Act'은 찬성 413, 반대 3으로 하원을 통과한 후, 2020년 3월 6일 상원을 통과했다. 이 법안의 취지는 '모든 정부 부처와 기관'을 동원해 전 세계 5G 네트워크 출시를 주도하는 화웨이Huawei, ZTE 등 중국 정보통신 회사로 인한 국가 안보 위협에서 미국 정보통신 네트워크를 지켜내는 데 있다.

또 중국 유학생과 방문 학자들에 대한 비자 심사 강화, 미국 대학에 퍼져 있는 공자학원孔子學院 폐쇄 움직임, 중국 기업인들의 미국 첨단기업 투자나 인수·합병과 산학産學 협업에 대한 관리감독 강화 등이 광범위하게 이루어졌다. 그 배경에는 전반적 국력 면에서 미중 격차가 갈수록 좁혀지고 있다는 사실에 대한 우려가 깔려 있다. 미국 국가정보위원회National Intelligence Council는 현 추세로 가면 2030년에서 2035년 사이에 중국이 세계 1위의 경제대국이 될 것으로 예측했다.

'미국 우선주의'를 외쳤던 트럼프는 물러갔지만 '메이드 인 아메리카'를 추구하는 바이든의 대중 견제망은 오히려 더욱 촘촘해졌다. 정치적으로 트럼프와 대척점에 선 바이든이지만 대중 정책에서는 근본적인 차이가 없다. 2022년 하반기에만 반도체와 전기자동차·배터리, 바이오 분야에서 '메이드 인 아메리카'를 내용으로 한 입법·행정 조치를 잇달아 내놓았다. 반도체·과학법(8월 9일), 인플레이션 감축법IRA(8월 16일), 생명공학·바이오 산업 관련 행정명령(9월 12일)은 중국 부상 견제와 미국 첨단산업 육성을 목표로 하고 있다. 반도체·과학법을 통해 미국 정부는 자국 반도체 산업에 총 527억 달러(약 69조 원)를 투자하고, 세액공제 등으로 보조금을 지원받은 기업은 앞으로 10년간 제조시설 확충 등 첨단 반도체 분야에서 중국에 투자할 수 없도록 했다. 특히 IRA는 한국산 전기자동차 수출에도 큰 영향을 미칠 것이다.

일련의 국내 입법 조치에 더해 국제적으로는 다자주의를 추구한다. 이 점은 양자주의를 선호했던 트럼프와 다르다. 바이든은 인도·태평양 경제 프레임워크, 칩4 등 경제·기술 동맹을 제도화하려고 하고 있으며 한국에도 참여를 종용하고 있다. 지식재산권, 중국의 불공정한 행위, 기술력 강화, 국제사회에서 규범 강화 등을 통해 중국을 미국 주도의 틀 속에 넣으려고 한다. 워싱턴에 비해 반중 정서가 크지 않은 실리콘밸리에서조차 중국인들의 첨단 분야

중국은 미국을 추월하지 못한다

기술 유출과 지식재산권 탈취에 대한 경계심과 우려가 크다. 스타트업 회사들은 중국계 자본의 투자를 받는 데 대해 조심스러워하는 분위기가 역력하다. 미국 내 중국의 투자를 보면 2000년대 이후 꾸준히 증가해 2016년 460억 달러로 정점을 찍은 후 2018년에는 50억 달러로 약 90퍼센트나 급감했다.

미국인들의 중국에 대한 비非호감도도 급속히 상승하고 있다. 퓨리서치센터의 조사 결과에 따르면, 대중국 비호감도는 2018년 47퍼센트에서 2019년 60퍼센트로 급상승했고, 2021년과 2022년에 각각 76퍼센트와 82퍼센트에 달했다.

팍스 아메리카나는
지속될 것이다

이른바 '팍스 아메리카나'가 본격화한 1945년 이후 미국의 헤게모니에 도전한 경우가 3번 있었다. 냉전 시대의 소련, 1980년대의 일본, 지금의 중국이다. 미국과 군사적으로 팽팽히 맞대결하던 소련 제국은 공산주의 체제의 한계를 극복하지 못하고 1980년대 말부터 붕괴되기 시작했다. 미국 주도의 자본주의 체제를 넘어설 듯했던 일본도 경제 거품이 터지면서 1990년대 초 '잃어버린 20년'으로 접어들었다. 현재 미국과 치열한 과학기술 패권 경쟁을 벌이는 중국은 과거 소련과 일본의 전철을 밟을 것인가 아니면 미국을 넘어설 것인가? 결론부터 말하면 우리 세대에는 중국이 미국을 넘어서지는 못할 것이다. 왜 그런가?

중국이 미국을 추월할 것이라고 주장하는 쪽에서는 중국이 2010년 일본을 따돌리고 세계 2위 경제대국이 되었고, 2014년 세계 1위 무역대국이 되었으며, 같은 해 미국 GDP의 60퍼센트를 넘어섰을 뿐만 아니라 구매력평가지수PPP로 보면 이미 미국을 앞서고 있다는 점을 강조한다. 특히 현재의 수치 못지않게 지난 십수 년간 추격해온 흐름을 따라 미래를 예측해보면 더욱 그렇다. 따라서 중국 정부가 앞에서 언급한 전략 사업에 집중 투자하면 중국이 제시한 2049년까지 주요 제조업 분야에서 미국을 넘어서는 것은 큰 무리가 아니라고 본다. 그렇지만 한참 뒤처지는 군사력(중국의 국방비 지출은 미국의 3분의 1 수준)은 차치하고라도, 정치사회학적으로 분석해볼 때 중국이 미국을 넘어서기는 쉽지 않다.

우선 중국은 내외부적으로 너무나 많은 문제와 도전에 봉착해 있다. 고도성장 과정에서 쌓인 경제적 거품은 물론이거니와 국내에서도 정치·사회·인구학적으로도 해결해야 할 난제가 수두룩하다. 시진핑 주석이 주도했던 반부패 캠페인은 한국식으로 말하면 일종의 '사정 정국'인데, 그만큼 중국 사회 전반에 걸쳐 부패가 만연해 있다는 방증이다. 또 사회적 불평등의 급속한 심화와 티베트·신장위구르 자치구 등 소수민족 문제, 인권 문제, 파룬궁法輪功 등 종교 문제, '남중국해South China Sea'를 둘러싼 주변 국가와의 갈등 등 해결해야 할 과제가 너무 많다. 아직도 중국에서 3T Taiwan,

Tibet, Tiananmen를 거론하는 것은 금기 사항이다. 2만 2,000킬로미터에 달하는 국경을 14개국과 마주한 중국은 주변국과 빚는 영토 갈등을 관리하는 것도 쉽지 않다.

이러한 상황에서 시진핑은 2022년 10월 16일 제20차 전국 대표대회에서 세 번째 연임에 성공했다. 독재정권의 아킬레스건이 권력 승계인데, 중국은 덩샤오핑鄧小平 이후 비교적 안정적으로 이 문제를 해결해왔다. 국민이 지도자를 직접 선출하는 서구식 민주주의는 아니지만 최고지도자가 5년 연임을 하고 후계자를 미리 지명하는 등 집단지도체제하에서 그 나름으로 투명성과 예측성을 확보해왔다. 그러면서 경제성장을 이루고 미국과 맞설 힘을 갖추었다. 그런데 시진핑은 이러한 관행을 깨고 21세기 중국의 황제로 남으려고 한다.

중국이 제국의 DNA를 갖고 있다는 주장도 있다. 하지만 제국의 리더가 되려면 패스트 폴로어fast follower로서는 역부족이다. 퍼스트 무버first mover나 트렌드 세터trend setter가 되어야 하는데 과연 중국이 언제 그렇게 될 수 있을까? 중국이 빠르게 미국을 따라잡고 있지만, 아직은 '모방'을 통해 '스케일업scale-up'을 하고 있을 뿐 창조나 혁신의 리더는 아니다. 샤오미Xiaomi가 삼성을 따라잡을지는 몰라도 애플을 대체할 수 있을까? 알리바바Alibaba나 바이두Baidu도 거대한 국내시장 덕에 급성장했지만, 아마존이나 구글을 벤치마킹한 것이고 이를 뛰어넘는 새로운 기술 플랫폼을 만든 것은 아니다. 중국의 인재들이 미국 등 해외 선진국에서 공부하고 일한 경험을 중국에 이식해 이러한 발전이 가능했는데, 점차 중국이 자국의 문을 닫으며 혁신의 리더가 될 가능성을 스스로 축소하고 있다.

더구나 중국은 다른 나라들의 롤 모델이 되지 못하고 있다. 중국이 야심만만하게 추진하는 '일대일로'는 아프리카나 일부 아시아 국가를 제외하고 별 성과를 내지 못하는 형편이다. 오히려 유럽과 북미, 아시아를 중심으로 반중 정서가 심화하고 있다. 중국이 최근 30년 동안 경제적으로 엄청난 발전을 했고 '기회의 나라'이기는 했지만 아직도 세계 각국의 인재들은 중국보다는 미국에서 공부하고, 일하고, 살고 싶어 한다. 과거 소련이 구축했던 공산권 블록이나 일본을 배우자는 '재팬 붐'도 찾아보기 어렵다.

내가 사는 캘리포니아 팰로앨토Palo Alto 지역은 미국에서도 집값이 가장 비싼 곳에 속한다. 조그마한 방 한 칸짜리 콘도미니엄(한국의 아파트)이 100만 달러가 넘는다. 내가 스탠퍼드대학에 부임한 2001년 이후 이곳 부동산 가격은 세 차례나 크게 올랐다. 처음 두 차례는 구글과 페이스북이 상장하면서 벼락부자가 된 실리콘밸리의 젊은이들이 집값을 올렸다. 그런데 세 번째 급등의 원인은 중국인들과 관련이 있다고 한다. '현찰'로 고급 주택을 사들인 이들을 이곳에서는 '리치 만다린Rich Mandarins'이라고 부른다.

회사 창업자나 투자 전문가가 많고, 회사를 뉴욕증시에 상장

시킨 기업인들도 있다. 대체로 나이는 50대로 중국 개방 이후 정보통신을 기반으로 본격적인 성장을 이끈 역군들이라고 할 수 있다. 경제적으로는 엄청난 부를 축적하고 성공했으나 중국의 미래, 특히 정치적 미래는 여전히 불투명하고 언제 기업과 재산이 정부에 의해 침탈당할지 몰라 불안해한다. 가족들은 이미 미국으로 이주했으며 자신들은 미국과 중국을 오가며 일한다. 아예 중국을 떠나 제2의 커리어와 삶을 모색하는 사람도 적잖다.

성공한 중국인들이 미국으로 몰려드는 한 중국이 결코 미국을 추월할 수 없다. 중국보다 미국이 낫다는 것을 이들 스스로 인정하는 꼴이다. 중국 베이징대학 왕지스王緝思 교수의 말대로 "미국이 쇠퇴했다는 증거는 비자를 받으려고 미 영사관 앞에 서 있는 줄이 더는 길지 않을 때"인데 아직은 어림없다. 중국이 경제 강국으로 부상하고, 이 과정에서 엄청난 부를 축적한 중국의 상류층조차 중국의 미래 특히 점점 더 독재화하는 시진핑 체제하의 중국의 미래에 대해 회의적이기 때문이다.

중국이 미국을 넘어 세계질서를 주도하려면 반대 현상이 일어나야 한다. 즉, 중국의 엘리트들이 미국으로 밀려드는 게 아니라 미국의 엘리트들이 중국으로 몰려가는 시대가 와야 팍스 시니카 Pax Sinica의 도래를 논할 수 있다. 또 미국이 아닌 중국의 모델을 선호하는 국가가 늘어나야 한다. 과연 이러한 현상이 20~30년 안에 일어날까? 적어도 내 지식과 경험으로는 그럴 가능성이 거의 없다고 단언한다. 다음 세대에도 팍스 아메리카나가 지속되리라 보는 것이 가장 현실적이고도 합리적인 전망이라면, 한국이 어떻게 포지셔닝해야 할지는 분명해진다.

미국의
제국주의적 DNA

미국은 분명 패권주의나 제국주의적 DNA를 갖고 있다. 정치·경제·군사·문화적 영향력을 유지하기 위해 때로는 경제 원조나 자원봉사를 통해, 때로는 경제적 압박이나 무력행사도 주저하지 않는다. 세계은행, IMF 등의 국제기구나 평화봉사단, 풀브라이트 같은 비정부기구도 '팍스 아메리카나'를 유지하는 데 중요한 수단이다. 엄청난 희생을 감수하면서까지 아프가니스탄과 이라크에서 '글로벌 테러'와의 전쟁도 마다하지 않는다. 미국은 최근 100여 년간 35번의 크고 작은 전쟁에 가담했다. 인류 역사상 가장 많은 전쟁을 치른 나라로 기록될 것이다. 팍스 아메리카나는 '팍스 로마나'나 '팍스 브리태니카'보다 더욱 강력해 보인다.

이러한 이유로 한국의 진보 진영에서는 미국의 제국주의적 성격을 비판하며 친중 노선을 펴기도 한다. 하지만 미국이 아닌 중국이 21세기의 세계질서를 주도하는 게 더 나은 대안일까? 팍스 시니카가 팍스 아메리카나보다 나을까? 나는 아니라고 본다. 냉정히 따져보면, 그래도 미국이 옛 소련이나 중국보다는 세련된 제국을 운영하고 있다. 역사적으로 봐도 그렇다. 위선적이라는 비판을 받기는 하지만 그래도 로마제국이나 대영제국에 비해 인권과 민주주의 가치를 중요시하는 것은 미국이다. 세계질서가 평등과 평화를 기반으로 할 수 있다면 좋겠지만, 현실에서는 누가 초강대국이 되든 그들이 원하는 질서를 만들고 유지하려 하며 이를 위해 물리력을 포함해 다양한 수단을 활용할 것이다. 제국을 운영하는 데 하드 파워는 물론 소프트 파워와 스마트 파워를 가장 효과적으로 혼합해 활용하는 나라가 미국이다.

역사적 경험과 현실론에 비춰볼 때 팍스 시니카가 팍스 아메리카나를 대체할 것이라고 예단하거나 미중 간에 '전략적 모호성'을 유지해야 한다거나 '등거리 외교'를 해야 한다는 주장 모두 위험한 발상이다. 안미경중도 그 시효가 지났다. 윤석열 정부가 한미동맹을 강화하고 미국 등 자유 진영과 가치 연대를 하겠다고 분명하게 선언한 점은 바람직하다. 한국처럼 미국과 군사동맹이나 자유무역협정으로 두터운 관계를 맺고 있는 나라도 이스라엘, 캐나다, 호주 등 소수에 불과하다. 소중하게 지켜야 할 자산이다.

그럼에도 미국 내 정치 상황이나 국가 간 경제적·안보적 이해관계를 간과한 추상적 가치 외교 또한 위험하다. 최근의 사례를 보자. 삼성전자, 현대자동차그룹, SK 등 한국의 대표 기업들이 2022년 260억 달러(약 34조 원)를 미국에 투자하겠다고 밝혔다. 그런데 미국은 북미산 전기자동차에만 보조금을 지급토록 한 '인플레이션 감축법'을 통과시켰다. 한국산 전기자동차가 불이익을 받게 되자 적잖은 한국인이 실망하며 분노하고 있다. 거칠게 표현하면 냉엄한 현실을 직시하지 못한 정부 실책의 대가를 기업이 치르고 있는 것이다(2023년 4월 미국은 자국 전기자동차 11종에만 혜택을 주고, 한국과 독일 등 외국의 전기자동차는 제외했다).

윤석열 정부가 미국과의 가치 연대를 추구하며 안미경중에서 '경중'을 포기한다면 이를 대체할 방안을 마련했어야 한다. IRA처럼 경제의 안보화로 한국 기업에 손해가 생겨서는 안 된다. 또 안보와 관련 있는 첨단기술 분야는 미국과 함께 가더라도, 그렇지 않은 유통·소비재나 제조업 분야에서는 중국을 멀리할 이유가 없다. 가치 외교가 빛을 발하려면 실용 외교가 뒷받침되어야 한다.

외교는
총성 없는 전쟁

최근 한국 진보와 보수의 대표적 논객들의 칼럼이 주목을 끈다. 『한겨레』 박현 논설위원의 「미국에 농락당하는 윤석열식 외교」(2022년 9월 20일)와 『문화일보』 이미숙 논설위원의 「미국 IRA, 동맹 신뢰 허문다」(2022년 9월 26일)라는 칼럼이다. 모두 워싱턴 특파원을 지냈고 비교적 미국의 속내를 잘 아는 언론인이다. 박현의 칼럼은 현 정부 비판에, 이미숙의 칼럼은 동맹의 약화에 대한 우려에 방점을 찍고 있지만, 미국의 중국 견제법이 국내 반미 정서를 자극할 가능성을 시사하고 있다.

박현은 "미국은 동맹·우방국들을 경제안보라는 기치하에 자신이 주도하는 경제 블록 안에 묶어 패권 도전국인 중국을 약화시키는 한편으로 자국 제조업의 부활을 꾀하고 있다"며 "우리 같은 개방형 통상국가엔 이런 보호무역주의가 매우 불리하다"는 전제를 깔았다. 그러면서 불리한 상황임에도 현대자동차그룹이 바이든의 투자 요청에 100억 달러 이상을 약속한 것은 "미국 정부의 보조금 수혜를 전제로" 한 것이었지만 오히려 '홀대'를 당했다고 지적했다. 더구나 "대통령실이 혼돈에 빠져" 7월 27일 법안 최종안이 공개된 직후 방한한 낸시 펠로시 하원의장에게 이 문제를 제기할 수 있는 절호의 기회를 놓쳤고 이것이 '윤석열식 외교'라고 일갈했다.

이미숙 또한 "미국의 '인플레이션 감축법'이 도널드 트럼프 시대에 위기로 내몰렸던 한미동맹을 다시 위태롭게 만드는 화근이 될 조짐"이라며 우려를 표명했다. 이어 "한미 자유무역협정FTA 협정문에 명시된 내국인 대우 조항에도 불구하고 한국산 전기차가 보조금을 못 받게 된 것은 미국의 저변에 깔린 한국 경시 때문 아니냐는 의구심으로 번지는 기류"라고 분석했다. 더 나아가 "보조금 문제를 넘어서 자존감을 할퀴는 문제로 악성 진화할 조짐마저 보인다"고 부연했다. 그러면서 "미국이 급하다고 IRA를 고수한다면 한국인들이 견지하는 동맹 신뢰가 흔들리게 되고, 나아가 운동권 출신 좌파들에 의해 반미 캠페인 소재로 악용될 우려도 있다"며 "미국은 역지사지의 자세로 동맹의 대의를 지키기 위해 행동해야 한다"고 촉구했다.

이처럼 진보와 보수 진영 공히 미국의 한국 '홀대'와 '경시'를 경고하고 있다. 윤석열 정부에서 한미동맹 강화와 자유주의 가치 연대를 강조하는 것은 바람직한 방향이지만, 미국도 이러한 노력에 화답할 것을 설득해야 한다. 가령 이미숙의 지적대로 미국의 FTA 대상국에서 생산한 전기자동차도 보조금 혜택을 받도록 법안을 수정하는 것이다. 자칫하면 한국인의 반미 감정을 자극할 수도 있고, 한미동맹을 강화하려는 윤석열 정부를 곤혹스럽게 할 수 있다. IRA로 인한 전기자동차 보조금 문제는 시작에 불과하다. '메이드 인 아메리카' 정책이 더욱 강화될 경우 비슷한 문제가 계속 불거져 나올 수 있다.

냉혹한 안보 상황을 헤쳐가려면 국민적 합의와 지지가 무엇보다도 필요하다. 외교안보는 전문성이 필요한 분야다. 비공개로 움직여야 할 사안도 있으므로 정부와 전문가 집단이 이끄는 게 맞다. 그러나 외교안보 사안이 전문가들의 전유물은 아니다. 정쟁政爭의 대상이 되어서는 곤란하다. 대통령의 해외 순방 때마다 지엽적인 사안이 언론의 가십거리가 되거나 조롱과 정쟁의 대상이 되는 것은 국익을 위해 결코 바람직한 일이 아니다. 2022년 9월 윤석열의 비속어 논란만 해도 단순한 해프닝으로 끝날 일이 나라 전체가 떠들썩한 정쟁의 대상이 되는 점을 이해하기 어렵다. 외려 한국 정치의 후진성만 적나라하게 보여준 셈이다. 이념과 정파를 떠나 국가적으로 중요한 외교안보 사안에 대해서 국민적 지지를 모으는 관행을 만들어야 한다.

그러기 위해서는 윤석열 정부는 주요 사안에 대한 결정 과정에서 투명성을 높이고, 국민이 외교안보 사안에 대해 갖고 있는 심리적 거리감을 좁히기 위해 여론 수렴에 적극 나서야 한다. 지금은 어느 나라건 국민 여론을 외교 전략의 중요한 부분으로 인식하고 있다. 국민의 지지가 없을 때 외교는 힘을 발휘하기 어렵다. 총성 없는 전쟁인 외교에서 전략적으로 최대한 국력을 모아 힘을 발휘해야 한다.

미중 갈등으로 유발되는 외교안보의 '퍼펙트 스톰perfect storm'은 언제 올지 모르고 또 예고 없이 올 수도 있다. 중국 전문가인 마이클 벡클리Michael Beckley와 할 브랜즈Hal Brands가『중국은 어떻게 실패하는가』에서 경고한 대로 미중 갈등은 마라톤이 아닌 단거리 스프린터이고 최대 위험은 2020년대에 닥칠지도 모른다. 19세기 말 친중·친러·친일 등으로 갈라져 싸우다 나라를 잃었고, 1945년 광복 후에는 이념적 대립으로 분단이 고착화되었던 쓰라린 경험을 또다시 되풀이할 것인가?

북한 인권 문제를
어떻게 할 것인가?

민주주의가
역행하고 있다

　　　　　　　　　문재인 정부 시절 동료 교수나 지인들
이 궁금해하며 안타까워하던 일이 있었다. 민주화와 인권을 위해
싸웠던 사람들이 권력을 잡았는데 왜 북한 인권 문제는 그토록 외
면하느냐는 것이었다. 지인 중에는 군부독재 정권 시절 미국에서
한국의 민주화 투쟁을 지원한 분들도 있었다. 이들은 나에게 한국
정부가 대북 전단 살포자를 처벌하고, 한국 영해領海에서 체포된
북한 어부를 강제 북송하고, 국내에 와 있는 탈북 이주민의 지원
예산은 삭감하고, 2008년부터 참여해오던 유엔 북한인권결의안

공동제안국에서도 빠진 행보가 이해되지 않는다며 설명해달라고
했다.

2021년 4월 15일 미국 의회에서 톰 랜토스Tom Lantos 인권
위원회 청문회가 열렸다. 대북 전단 살포금지법과 관련한 청문회
였는데, "문재인 정부의 민주주의가 역행하고 있다"는 쓴소리가
쏟아졌다. 인권위원회 공동 의장인 크리스 스미스Chris Smith 공화
당 의원은 이날 청문회에서 "국회에서 압도적 다수 의석을 차지한
문재인 정부가 권력의 도를 넘었고, 표현의 자유를 제약하는 법을
통과시킨 것은 물론 북한 문제에 관여해온 시민사회단체를 괴롭
히기 위해 검찰 권력을 정치화했다"고 비판했다. 그러면서 스미스
의원은 문재인 정부의 대북 조치에 실망감을 표시했다.

인권위원회의 또 다른 공동 의장인 제임스 맥거번James McGovern
민주당 의원 역시 "국제인권법은 안보를 이유로 표현의 자유를 제
한할 때 무엇을 수용할 수 있고 없는지에 관한 지침을 제공한다"
며, 한국 국회가 대북 전단 살포금지법을 재고하기를 바란다고 말
했다. 1970년대 한국의 독재정권 시절 미 의회 청문회를 방불케
하는 장면이 연출되었다.

이러한 비판에 대해 문재인 정부나 진보 진영 측은 항변할
것이다. 이것은 북한에 대한 내정간섭이 될 수 있고, 남북 관계가
악화될뿐더러 비핵화 등 안보 문제를 해결하는 데 걸림돌이 될 수
있다고 말이다. 실제로 인권 문제를 거론하면 북한은 적어도 겉으

로는 거세게 반발해왔다. 하지만 독재정권 시절 미국 정부와 시민사회단체가 한국의 인권 문제를 거론한 것도 내정간섭이었던가? 그렇다면 왜 그때는 민주화 운동을 하면서 미국 정부와 시민사회단체의 인권 문제 제기에 고마워했다는 말인가? 문재인 정부 시절 북한의 인권 문제를 외면해서 남북 관계와 비핵화에 진전이 있었던가?

결론부터 말하면, 북한 인권 문제를 거론하면 남북 관계가 훼손되거나 비핵화 협상이 어렵다는 논리는 경험적으로 입증된 바 없다. 북한의 반응이나 행동에 대한 우려는 이해하지만 이런 접근법은 통하지도 않을뿐더러, 북한 인권이든 비핵화든 어떤 진전도 만들어내지 못했다. 문재인 정부는 물론 도널드 트럼프 행정부도 북한과 '정상외교'를 하면서 인권 문제는 애써 외면했지만, 남북 관계에도 비핵화에도 진전이 없었다. 결국 원칙도 저버리고 실리도 챙기지 못했다.

그렇다고 북한 인권 문제를 거론했다면 남북 관계와 비핵화에서 진전이 있었을 것이라는 것은 아니다. 두 사안 간에 직접적 인과관계가 없기 때문에 진보 진영의 항변이 북한 인권 문제를 도외시해야 하는 이유가 될 수는 없다는 이야기다. 또 타국의 인권 침해 상황을 거론하는 것은 내정간섭이 아니며 국제적 정당성을 인정받고 있다.

북한 주민들의
슬픈 현실

　　　　　　　　　　북한의 열악한 인권 상황에 대한 진단은 이론의 여지가 없다. 2022년 9월 미국 농무부가 발표한 「세계 식량안보 평가 보고서」에 따르면, 북한 주민 10명 가운데 약 7명이 식량 부족에 시달리는 것으로 추산된다. 더구나 코로나19 팬데믹으로 국경이 봉쇄되면서 북한 경제에 중요한 중국과의 무역마저 차단되어 주민들의 삶은 더욱 피폐해졌을 것이다. 북한의 인권 상황을 살피고 권고안을 마련하는 유엔 인권사무소 서울지부장인 제임스 히난James Heenan은 "코로나 봉쇄 이후 북한은 인권 면에서 블랙박스black box"라며 우려를 표명했다. 또 2022년 프리덤하우스에서 발간한 「세계 자유 보고서Freedom in the World」에 따르면, 2021년 북한의 정치적 권리political rights는 40점 만점에 0점, 시민 자유civil liberties는 60점 만점에 3점으로 총 100점 만점에 3점에 그쳐 여전히 최하위권에 머물러 있다.

　　그럼에도 북한은 계속해서 핵과 미사일 개발에 엄청난 자원을 쏟아붓고 있다. 2022년에만 해도 북한은 크고 작은 미사일을 무려 71개나 발사했다. 정부 추산에 따르면 다른 나라보다 생산 비용이 적게 드는 북한 생산 단가를 적용해도 총 비용은 약 2억 달러(약 2,600억 원)에 달했다. 이는 쌀 50만 톤을 살 수 있는 금액이다. 북한의 모든 주민이 46일간 먹을 수 있는 양이자 2023년 북한

식량 부족분(80만여 톤)의 60퍼센트 이상을 충당할 수 있는 규모다. 북한이 핵과 미사일 개발에 몰두하는 동안 주민들의 삶과 인권이 철저히 외면당하는 슬픈 현실을 보여주는 단면이다.

북한의 인권 침해는 막연한 추정이 아니다. 유엔 북한인권특별보고관의 연례 보고서와 미국 국무부의 인권 보고서 등에 구체적인 사례들이 자세히 기록되어 있다. 특히 2014년에 발표된 유엔 인권조사위원회Commissions of Inquiry의 「북한 인권 보고서」는 북한의 인권 침해가 "체계적이고, 광범위하며, 총체적"이라며 이는 "인류에 대한 범죄"라고 결론 내린 바 있다.

이처럼 북한의 핵무기·미사일 개발과 주민들의 인권 상황은 밀접한 관계가 있다. 북한은 자원을 분배할 때 군사력 강화에 최우선 순위를 두고 있다. 그 과정에서 주민들의 인권이나 삶은 부차적 고려 대상에 불과하다. 마찬가지로 유엔 등 국제사회가 아무리 다양한 경제적 제재로 북한을 압박해도 정권 유지를 우선시해 부족한 자원을 분배하면 그로 인한 고통은 결국 북한 주민들의 몫이 된다. 더구나 인권 문제 개선 없이는 안보 문제도 해결하기 어렵다. 자국민의 삶과 복지보다 군사력 강화를 앞세우는 나라는 타국에 대한 무력 사용도 주저하지 않을 것이다.

이처럼 북한의 비핵화, 남북 관계 개선, 인권 문제는 서로 연관되어 있어 종합적으로 접근해야 한다. 인권 문제를 외면한다고 해서 비핵화 등 안보 이슈를 개선하는 데 도움이 되는 것은 결코

북한 인권 문제를 어떻게 할 것인가?

아니다. 미국 조지타운대학 빅터 차Victor Cha 교수의 말대로 인권과 비핵화는 '제로섬' 관계에 있지 않다. 통합적 접근을 통해 북한과 미국과 한국이 공히 가치를 창출해낼 수 있는 정책을 마련하는 것이 시급한 이유다. 빅터 차 교수는 최근 수십 년간의 협상에서 인권 문제를 배제했음에도 비핵화에 어떤 유의미한 결과를 도출하지 못했다는 점을 반성하고, 인권과 비핵화 간의 '포지티브섬'을 만들기 위한 종합 전략을 수립한 후 향후 협상에서 지켜야 할 기준을 세워야 한다고 제시한 바 있다.

북한을
악마화해서는 안 된다

　　　　　　　　　　인권과 비핵화 간의 포지티브섬을 만들기 위해서는 북한을 악마화해서는 안 된다. 조지 W. 부시 행정부 시절 북한을 '악의 축'으로 규정했듯 선악 문제로 접근해서는 인권 개선에 아무런 도움이 되지 못한다. 인권 문제를 제기하는 목표가 북한 최고지도자의 권위를 실추시키거나 체제를 약화시키는 데 있어서는 안 된다. 로버트 킹Robert King 전 북한 인권 대사가 강조한 대로 "인권은 절대 상대방을 공격하는 수단이 되어서는 안 된다"는 점을 명심해야 한다. 북한도 국제사회의 일원으로 인권 상황을 개선해 일정하게 기여할 수 있기를 촉구하고 이러한 노력을 돕는 형태가 되어야 한다.

인권 문제를 제기하면 북한은 드물게나마 일정 부분 조치를 취하기도 했다. 2014년 유엔 인권조사위원회가 북한의 인권 상황을 고발하는 보고서를 발표했을 때 북한은 극렬히 반발하면서도 15년 만에 외무상을 유엔 고위급 회의에 파견했다. 또 유엔 주재 북한대표부 고위 관리가 미국 싱크탱크인 외교협의회와 뉴욕에서 열린 회의에서 자국의 인권 실태에 대한 토론에 나서기도 했다. 북한의 인권 상황은 여전히 열악하고 국제사회의 문제 제기에 반발하지만, 북한은 인권 문제에서 최소한의 조치를 취해야 한다는 사실은 어느 정도 인정하고 있는 셈이다. 북한의 이러한 모습이 정치적 제스처에 불과하다는 비판도 있지만, 미국과의 관계 정상화를 위해 인권 상황을 개선해야 한다는 점을 북한도 잘 알고 있다.

따라서 인권 문제로 북한을 악마화하려고 하지 말고 북한이 비교적 관심을 보이는 인권 협력 분야를 발굴하는 것이 중요하다. 가령 정치범 수용소 폐지, 고문 철폐, 언론의 자유 보장 등 체제의 근간을 흔들 수 있는 인권 개선 요구에 대해 북한은 철저히 반발하고 있다. 다만 여성, 아동, 장애인 등 정치적으로 덜 민감한 취약계층의 인권 개선에 대해서는 관심을 내비치고 있다. 이와 같은 협력부터 도모한다면 북한의 인권을 개선해나가는 데 느린 걸음이라도 진전을 기대해볼 수 있다.

인권 문제를 정치화하려는 유혹에서도 벗어나야 한다. 트럼프 행정부 초기 북미 간 긴장이 고조되었을 때의 일이다. 북한에 대한 부정적 여론을 국내외에 환기하려는 의도로 탈북 이주민을 백악관에 초청하고 대통령 연두교서 연설에 배석시키는 등 인권 문제를 정치적으로 활용한 적이 있다. 2018년 1월 의회 연설에서 트럼프는 약 10퍼센트를 북한에 할애했고, 그중 상당 부분은 인권 문제에 집중했다. 트럼프는 "그 어떤 정권도 북한의 잔인한 독재 정권보다 더 철저하고 잔인하게 자국민을 억압하지 않았다"고 비판했다. 정작 트럼프가 비핵화 합의를 위한 김정은 위원장과의 북미정상회담에 우선순위를 두면서 인권 문제는 슬그머니 사라졌다. 트럼프 행정부는 인권 문제를 정치적으로 활용하는 데 그쳤고, 비핵화를 위한 북미정상회담도 소리만 요란한 채 별다른 성과를 내지 못했다.

정치적 목적을 달성하기 위해 인권 문제를 외면하는 것도 동일한 오류의 늪에 빠진다. 문재인 정부는 정치적인 이유로 북한의 인권 문제를 경시했다. 대북 전단 살포금지법 제정, 탈북 어민 강제송환 등 북한 인권을 외면한다는 비판을 받으면서도 남북 관계 개선에 매달렸다. 특히 지금도 논란거리인 강제 북송은 언론에 유출되기까지 비밀리에 진행되었고, 한국 영해에서 체포된 북한 어부 2명은 변호인 접견권이나 적절한 사법 절차도 제공받지 못했다. 그뿐만 아니라 강제 북송은 탈북 이주민을 국민으로 인정하는 한국 헌법에도 위배되는 일이다. 인권은 이념·종교·성별·인종 등 모든 조건을 떠나 인간이라면 누구나 누리는 보편적 권리지만, 강제 북송은 문재인 정부의 정치적 이해에 의해 처리되었다.

인권은
보편적 이슈다

인권 문제는 북한만의 특수한 사안이
아니며, 보편적 이슈로 다루어야 한다. 인권 침해는 과거 한국의
독재정권뿐만 아니라 지금도 중국, 러시아, 미얀마 등 권위주의 정
권하에서 광범위하게 벌어지고 있다. 미국, 영국 등 서구 민주국가
에서도 발견되는 현상이다. 세계인권선언에서 표명한 대로 '모든
인류 구성원이 지닌 천부의 존엄성과 동등하고 양도할 수 없는 권
리를 인정하는 것이 세계의 자유, 정의, 평화의 기초'라는 보편적
인식에 바탕을 두어야 한다. 따라서 북한의 인권 문제도 윤석열 정
부가 추구하는 자유민주주의 원칙하에서 다루어져야 한다. 또한
인권 문제를 인도적 지원의 전제 조건으로 삼아서는 안 된다. 북한
인권법 제8조(인도적 지원)에 있는 대로 북한 인권 증진을 위해 국
제적 기준에 따라 투명하게 지원해야 하고, 그중에서도 임산부와
영·유아 등 취약계층에 우선순위를 두어야 한다.

민주당과 공화당 사이에 치열한 공방이 벌어지는 미국 의회
에서도 북한 인권 문제는 별 이견이 없는 초당적 이슈다. 톰 랜토
스 인권위원회는 민주당·공화당 공동위원장 체제로 운영되며 지
난 2018년 북한인권법 재승인 법안이 만장일치로 의회에서 통과

된 바 있다. 미국이 처음 북한인권법을 제정한 시기는 2004년이다. 이는 일본(2006년)과 한국(2016년)이 북한인권법을 제정하는 계기를 마련했다. 하지만 북한 인권을 둘러싼 한국 내 상황은 정반대의 양상을 띠고 있다. 한쪽은 북한 인권 문제를 축소하려 들고 한쪽은 북한 인권 증진을 촉진해야 한다고 목소리를 높이지만 진영 논리와 당파적 이해에 매몰되기 일쑤다.

한국도 여야의 협력은 물론 탈북 이주민들과도 소통해야 한다. 윤석열 정부가 2017년 9월 이후 5년 가까이 공석이던 북한 인권 대사에 이신화 고려대학교 교수를 임명하고 유엔 북한인권결의안 공동제안국에도 다시 참여하기로 결정한 점은 고무적인 일이다. 하지만 북한인권법에 규정된 북한인권재단은 아직도 야당의 비협조로 출범을 못하고 있다. 여야는 하루 바삐 북한인권재단을 출범시켜야 한다. 그간 소홀했던 탈북 이주민들에 대한 지원도 강화해야 한다. 북한에 억류된 대한민국 국민을 석방하는 데 여야가 초당적 협력을 해야 하는 점은 물론이다.

유엔과 같은 국제기구도 적극 활용할 필요가 있다. 북한은 미국이나 한국 등 개별 국가의 인권 문제 지적에 대해서는 강하게 반발하면서도 유엔의 인권 메커니즘에는 비교적 호응하는 편이다. 국제사회의 정당한 일원으로 인정받기를 원하기 때문이다. 북한은 4년 6개월에 한 번씩 실시되는 국가별 정례인권검토UPR에 임하고 있으며, 2017년에는 유엔 장애인인권특별보고관의 방북을 허용했다. 최근에는 유엔의 지속가능개발목표SDGs 이행 상황을 보고하는 자발적 국가검토보고서VNR를 제출하기도 했다. 국제기구가 북한 인권 문제를 주도하게 하면 한국의 노력이 국제사회에서 더 큰 설득력을 발휘할 수 있고, 북한의 직접적인 비난도 우회할 수 있다.

미국과의 긴밀한 협력도 중요하다. 다만 바이든 행정부가 중국의 인권 문제는 강하게 비판하면서도 북한의 인권 문제는 도외시하고 있는 점은 아쉽다. 문재인 정부의 '북한 인권 외면'이 아이러니였듯 인권과 민주주의를 강조하는 바이든 행정부의 북한 인권 문제 경시 역시 아이러니하다. 미국도 북한인권법에 따라 북한인권특별대사를 임명하게 되어 있다. 그럼에도 오바마 행정부 시절 임명된 로버트 킹 전 대사 이후 트럼프 행정부에서는 공석이었고, 바이든 행정부에서도 마찬가지 상황이었다. 결국 임기 반환점을 돈 2023년 1월에야 바이든은 줄리 터너Julie Turner 국무부 동아시아·태평양 담당 과장을 대사에 지명했다. 이제부터는 북한 인권 문제에도 적극적으로 나서겠다는 의미로 해석된다.

나는 그동안 북한 인권에 대한 바이든 행정부의 무관심을 두고 북한에 대한 일종의 '전략적 방임strategic neglect'이라고 표현해왔다. 현재 워싱턴에서는 북한 문제를 '뜨거운 감자'로 보고 회피하려는 기류가 역력하다. 성 김 대사는 여전히 주인도네시아 미국대사로 재직하면서 대북특별대표 역할은 파트타임으로만 하는 데 그치고 있고, 정 박 국무부 동아시아·태평양 담당 부차관보가 대북 정책을 코디하고 있으나 행정부 내에서 힘을 받고 있지 못하다. 역설적이게도 바이든 행정부 고위직에는 북한을 잘 아는 사람이 많다. 그들은 북한 문제를 다루어봐야 성과가 나기 어렵다는 점을 잘 알고 있다. 북한이 미사일 실험 등 미국을 향해 도발 행위를 지속하며 관심을 끌려 하고 있지만 미 행정부의 반응은 여전히 미지근하다.

한국은 미국과 긴밀히 협력해 인권과 비핵화 간의 포지티브 섬을 만들기 위한 종합적인 전략을 수립해야 한다. 이신화 대사는 유엔과 미국을 잘 알고 있으며, 전문성과 경험을 겸비하고 있어 중요한 역할을 할 수 있으리라고 기대한다. 미국도 조속히 청문회를 열고 줄리 터너 대사 임명안을 승인해 이신화 대사와 협력할 수 있도록 해야 한다.

마지막으로 중국과의 협력이다. 티베트와 신장위구르 자치구 인권 탄압 등은 차치하고라도, 중국은 북한 인권 문제에 대해서도 책임이 적지 않다. 유엔난민기구의 요청에도 중국은 자국을 경유하는 탈북민을 북한에 강제송환하고 있다. 그들 중 상당수가 정치범 수용소에 보내지거나 처형당한 것으로 알려졌다. 로버트 킹 전 대사는 재직 시절 중국 관료들을 여러 차례 만나 중국을 경유하는 탈북민에게 난민 지위를 인정하고 이들이 한국으로 갈 수 있게끔 허락해달라고 요청했지만 거부당했다고 회고한 바 있다.

난민협약 가입국인 중국은 난민에 대한 강제송환 금지 원칙을 준수해야 할 의무가 있지만, 탈북민은 난민이 아니라 경제적 이주민이라고 주장하며 북한으로 강제송환한다. 일부 탈북 브로커들은 강제 북송에 대한 두려움을 이용해 탈북 여성들을 중국의 성매매 업소에 팔아넘기거나 농촌 남성에게 돈을 받고 강제로 결혼시키기도 하는데, 중국 정부는 이를 눈감고 있다. 매년 미국 국무부가 발간하는 「인신매매 보고서Trafficking in Persons Report」는 2022년 북한과 중국을 모두 최하위인 3등급으로 지정했다. 이는 양국 정부가 인신매매 방지를 위한 최소한의 기준도 통과하지 못했으며 아무런 노력도 하지 않았다는 것을 의미한다.

첨언하면, 북한 인권 문제에 대해 중국의 책임과 역할을 거론할 경우 중국은 반발하겠지만 미국 워싱턴의 관심을 끄는 데 유효한 전략이 될 수 있다. 러시아의 우크라이나 침공으로 관심이 다소 분산되었으나 바이든 행정부의 대외정책은 여전히 중국에 초점이 맞춰져 있기 때문이다. 단, 앞서 언급한 대로 중국을 비난하기 위해 북한 인권 문제를 정치 쟁점화하는 것은 지양해야 한다.

북한 인권에 대한 우리의 원칙

UCLA 도서관에 가면 '한국 민주주의와 통일 컬렉션Archival Collection on Democracy and Unification in Korea'

이라는 특별한 자료가 있는데, 그동안 알려지지 않은 사연이 있어 소개한다. 내가 UCLA에 재직하던 1990년대 중반으로 기억한다. 유신정권 치하인 1975년부터 20여 년간 한국의 인권과 민주화를 위해 활동했던 '한국 인권을 위한 북미연합North American Coalition for Human Rights in Korea'이라는 단체에서 지인을 통해 연락이 왔다. 한국이 민주화되어 그간의 활동을 중단하게 되었는데, 자신들이 소장한 방대한 자료를 어떻게 하면 좋을지 모르겠다며 도와줄 수 있겠느냐는 것이었다.

이 소식을 듣는 순간 사회운동을 연구하는 학자로서 다소 흥분도 되고 또 한국인으로서 책임감도 느껴 보내달라고 했다. 총 34개의 커다란 박스에 담아서 자료가 왔는데 사서가 정리하기에 앞서 내가 먼저 일일이 다 열어보았다. 나는 사료로서 가치가 크다고 판단되어 도서관에 아카이브를 만들도록 하고 그중 중복되는 것은 내가 지금도 갖고 있다. 또 내가 지도한 학생 중에는 박사학위논문에 이 자료를 쓰기도 했다.

이 자료를 보면서 한동안 숙연함과 부끄러움을 감출 수 없었다. 미국 백악관에 한국의 인권 개선을 촉구하는 편지부터, 5·18 광주민주화운동 당시의 상황을 손으로 써서 인편人便으로 급박하게 외부에 알렸던 구겨진 편지까지 1970~1980년대 한국 민주화운동의 양상을 생생히 볼 수 있었기 때문이다. 부끄럽게도 미국인들이 이토록 한국의 인권 개선과 민주화를 위해 노력했는지 몰랐다. 나 역시 그때까지만 해도 미국이 한국의 독재정권을 지원했다는 인식을 크게 가졌기 때문이었을 것이다. 이 자료 중에는 한국의 민주투사들이 미국 시민들과 단체의 지원을 고마워하는 내용도 있었다. 그때의 기억 때문에 한국의 진보 정부가 북한 인권 문제를 외면하는 것을 보는 마음이 더 착잡했는지도 모른다.

2022년 10월 초 워싱턴에서 만난 크리스 스미스 공화당 의원은 나에게 북한을 방문해 김정은 위원장을 만날 기회가 온다면 진심으로 인권 문제를 거론하고 싶다고 말했다. 자신은 과거 중국의 리펑李鵬 총리에게도 중국의 인권 문제를 거론한 이후 중국 입국이 금지되었지만 인권 문제는 양보할 수 없다고 했다. 22선으로 최고참인 스미스 하원의원의 진정성과 의지에 또 한 번 마음이 숙연해졌다.

인권 문제는 미국의 대학생들에게도 큰 관심사다. 스탠퍼드 대학을 비롯한 미국의 많은 대학에서는 해마다 '북한 인권의 밤'을 개최한다. 이 자리에서 북한의 인권 문제에 대해 토론하고 개선을 촉구한다. 또 해외의 젊은이들은 미얀마 민주화 운동을 위해 K-팝 팬들이 앞장서고 있는데도 한국의 팝스타들은 왜 북한의 인권 문제에 침묵하느냐고 반문한다. 이처럼 해외에서는 북한의 인권 문제에 관심을 보이는데, 정작 한국에서는 정쟁의 대상이 되거나 외면당하고 있으니 그야말로 슬픈 현실이다.

숀 킹Sean King 변호사는 과거 동독과 북한을 비교한 글을 나와 로버트 킹 대사가 편집한 『북한의 난제: 인권과 핵안보의 균형』에 쓴 바 있다. 그는 북한 인권을 개선하기 위한 권고안은 현실성이 떨어진다고 하더라도 한국은 원칙을 고수해야 한다며 다음과 같이 적었다.

"슬픈 일이지만 그럼에도 불구하고 한국은 원칙을 고수해야 한다. 이는 최소한 소수의 북한 주민들의 삶을 개선하는 데 도움이 될 수 있으며, 다른 국가의 대북 정책에도 좋은 선례를 제시할 것이다. 또한 한국이 주도한다는 전제하에 한반도가 통일된다면, 북한 주민들은 분단된 동안에도 그들이 잊힌 적 없다는 사실을 깨달을 것이며 그것만으로도 좋은 소식이 될 것이다."

그렇다. 한국이 군부독재 치하에서 신음하던 시절 인권 문제를 제기하고 개선을 촉구했던 미국과 미국인들에게 한국인들이 고마워했듯, 한국과 국제사회의 인권 문제 제기에 북한 주민들이 마음속으로 고마워하고 있을 것이다. 군부독재에 맞서 인권과 민주주의 수호를 위해 싸우다 1996년 북한인권시민연합을 창립한 고故 윤현 목사의 외침처럼 "통일 후 20만 명에 이르는 정치범과 그 가족들이 '우리가 죽어갈 때 당신들은 무슨 일을 했느냐?'라고 물을 때 우리는 뭐라고 대답할 수 있을까 고민"해야 한다.

북한의 잇따른 무력시위에 모든 초점이 맞춰져 있는 현재 상황에서 인권 문제는 잊히기 쉽다. 하지만 윤석열 정부는 인내심을 갖고 북한 주민들의 인권을 개선하기 위한 노력을 지속해야 한다.

민주당도 북한의 인권 문제를 외면했던 과오를 되풀이하거나 정치 쟁점화해서는 안 된다. 북한의 인권 문제는 안보나 정치의 영역을 넘어 분단된 한반도에 살고 있는 한국 시민들의 운명이자 역사적 사명이다.

제3장

다양성과 혁신

슈퍼 네트워크의 위험과
다양성의 가치

'박스에서 나오는'
사고

"한류가 글로벌 현상이 되는 데 결정적 역할을 한 것은 다름 아닌 여성의 시선female gaze이었다." 2022년 5월 20일 스탠퍼드대학 한국학 설립 20주년을 기념하는 회의에서 나온 신선한 주장이다. CJ ENM 아메리카 CEO 앤절라 킬로렌Angela Killoren(길성미)은 한류가 지구촌에서 큰 성공을 거둔 데는 K-콘텐츠가 애초부터 여성 소비자의 관점에서 가려운 곳을 긁어주었기 때문이라고 말했다. 그는 "할리우드 콘텐츠는 남성의 시각에서 등장 여성을 묘사하지만, K-콘텐츠는 여성의 위치에서 로맨

스와 감정을 보여준다"며 "남성 중심의 문화에서 소외된 여성들, 특히 젊은 여성들이 이 점을 환호한다"고 역설했다.

하루 뒤인 5월 21일 서울에서는 윤석열 정부 첫 한미정상회담이 열렸다. 회담 후 공동기자회견에서 한 외신기자는 윤석열에게 "내각에는 여자보다는 남자만 있다"며 그 이유를 물었다. 해외에서 '반페미니즘'의 이미지가 형성된 윤석열에게 정곡을 찌른 질문이었고, 그는 곤혹스러운 표정을 지었다. 당시까지 공개된 윤석열 정부 초대 내각을 보면 국무총리를 포함한 19명의 국무위원 중 여성이 3명, 차관과 차관급 인사는 41명 중 여성이 2명에 불과했다. 대통령실은 '서울대·남성·50~60대'에 인선이 편중되었다는 지적에 대해 "해당 분야 전문성과 실력을 우선으로 한 결과"라고 설명해왔다. 반면 민주당은 "지역·학교·정책 노선 등에서 균형이 미흡하다"고 꼬집었고, 정의당은 "'경육남(경상도 출신·60대·남성)' 잔치판"이라고 비판했다.

흥미로운 것은 양측이 정반대 위치에서 동일한 문제의식을 공유한다는 점이다. 실력주의를 내세우는 쪽에서는 이런저런 배려를 하다 보면 '나눠 먹기식'이 되어 제대로 성과를 내기 어렵다고 하고, 다양성 부족을 비판하는 쪽에서도 지역과 여성 안배 등 균형과 배려 차원에서 문제를 바라보고 있다. 하지만 지구촌을 휩쓴 한류의 성공 비결인 '여성의 시선'이 나올 수 있던 것은 획일적 실력주의도, 배려의 결과도 아니다. 기존 남성의 시각을 뛰어넘는 여성의 시각이 있었기에 가능했다.

　다양한 구성원으로 이루어진 조직에서는 단순히 다양한 의견만 나오는 게 아니다. '박스에서 나오는out of box' 사고가 가능해지기 때문이다. 나와는 다른 관점이나 대안을 고려하고 평가하게 됨으로써 새로운 사고와 혁신의 원동력이 마련된다. 이를 통해 조직 전체의 성과를 제고할 수 있다. 사회적 소수자를 보호하고 배려하며 균형을 찾는 것은 당연히 중요한 민주적 가치이자 정책적 과제다. 다만 이제는 균형과 배려의 차원을 넘어 혁신과 성과의 차원에서 다양성 문제를 바라봐야 한다. 정부 내각과 같이 고도의 정신적·지적 능력과 판단을 요구하는 조직일수록 구성원의 다양성 확보는 필수적이다.

　한국은 단일민족과 순혈주의를 강조하고, 학연·지연·혈연으로 얽힌 가부장적 '슈퍼 네트워크 사회'다. 그러니 다양성 확보는 더욱 절실하다. 산업화 시대에는 표준화된 상품을 만들어낼 동질적인 노동력이 필요했다. 다양성은 자칫 효율성을 높이는 데 방해 요소가 될 수 있었다. 그러나 창의력과 혁신이 요구되는 제4차 산업혁명 시대에는 이질적인 노동력이 더 중요한 요소가 될 것이다. 다양성이 배려를 위한 도구가 아니라 혁신과 성과에 필수적인 덕목이라고 인식하지 않으면 어떤 조직이나 사회도 미래를 기약하기 어렵다.

'어퍼머티브 액션'
논쟁

        미국에서는 기업 채용은 물론 대학교수 임용이나 입학 사정에서도 매우 중요한 고려 사항 중 하나가 다양성 확보다. 과거에는 사회적 소수자를 배려한다는 명분이 컸다. 이제는 다양성을 확보해야만 그 조직의 성과를 최대화할 수 있다는 논거에 기반하고 있다. 다양성을 확보하는 방법 또한 다양하다. 인종이나 나이, 성별의 다양성뿐만 아니라 백그라운드나 경험의 다양성 등 여러 방면을 본다. 조직의 구성원이 다양해야만 획일적 사고나 경직된 문화에서 벗어나 혁신과 성과를 이룰 수 있다고 믿기 때문이다. 학교, 회사, 정부 등에 다양성 제고를 담당하는 부서를 두고 있으며 CEO, CFO(최고재무책임자) 등과 함께 다양성 책임자Chief Diversity Officer, CDO를 두는 곳도 적지 않다.

    미국이 처음부터 다양성을 존중하고 추구한 것은 아니다. 잘 알려진 대로 이민 국가인 미국은 원래 동화주의를 추구했다. 언어도 영어만 공식적으로 인정했다. 그러다 1960년대 민권운동이 일어나고 이후 페미니스트의 활동이 활발해지면서 사회적 소수자나 약자를 배려하려는 움직임이 생겼고, 이를 제도화하려는 노력도 이어졌다. 그 대표적 법안이 소수집단(계) 우대 정책 혹은 적극적 우대 조치라고 할 수 있는 어퍼머티브 액션Affirmative Action이다.

    1961년 존 F. 케네디John F. Kennedy가 처음 도입한 어퍼머티브 액션은 인종, 성별, 종교, 장애 등의 이유로 불리한 처지에 있는 사회적 소수자에게 우대 조치를 제공함으로써 차별과 불이익을 시정하려는 정책이었다. 초기에는 인종차별 완화가 주된 목적이었으나 그 범위가 성性, 장애 등으로 확장되었다. 한국에서 시행되는 가산점이나 할당제와 유사하다. 주로 고용과 대학 입시에서 시행되었는데 쿼터제가 적용되기도 했다.

그러나 어퍼머티브 액션에 대한 논란은 그치지 않았다. 역차별이라는 주장에서부터 본질적인 문제를 해결하기는커녕 새로운 차별을 유발한다는 주장도 나왔다. 실제로 일부 백인 남성들은 역차별이라고, 아시아계는 이중 잣대라고 비판하며 어퍼머티브 액션의 폐지를 주장했다. 대학 지원 시 열심히 노력해 높은 점수를 얻었는데 대학이 어퍼머티브 액션에 따라 인종 쿼터제를 운영함으로써 피부색 때문에 입학 기회가 줄어든다는 것이다. 이들은 1978년 연방대법원이 쿼터제를 금지했지만 미국 명문대들은 일정 수준의 흑인과 라틴계 비율을 유지하며 사실상의 암묵적 쿼터제를 시행하고 있다고 주장했다. 2022년 가을에 미국 대법원은 아시아계 학생들이 입학 사정에서 역차별을 받고 있다며 하버드대학과 노스캐롤라이나대학을 상대로 제기한 소송을 심의하겠다고 발표했다.

내가 살고 있는 캘리포니아는 미국에서도 가장 진보적인 주에 속한다. 그런데 1996년에 미국의 주 중에서 처음으로 주민투표로 어퍼머티브 액션을 금지했다. 당시 나는 UCLA에 재직 중이던 터라 이 법안을 두고 주민과 시민단체는 물론 교수와 학생들 사이에서도 뜨거운 논쟁이 벌어졌던 기억이 지금도 생생하다.

이후에도 어퍼머티브 액션을 둘러싼 논쟁은 멈추지 않았다. 2020년에는 이를 재도입하자는 안건이 주민투표에 부쳐졌으나 큰 표 차로 부결된 바 있다. 이처럼 미국에서도 다양성을 사회적 소수자에 대한 배려 차원으로 보는 데 대한 거부감이 적지 않다. 반면 인적 구성의 다양성이 조직의 혁신과 성과를 제고하는 데 필수적이라는 인식은 더욱 확산하고 있다.

다양성에 대한
존중

나는 강의 계획서를 만들 때 강의 주제, 과제물, 학점 이외에도 두 가지 점을 명시한다. 우선 스탠퍼드대학의 오랜 전통인 아너 코드Honor Code를 준수할 것을 다짐한다. 스탠퍼드대학에서는 아너 코드에 따라 시험을 볼 때 감독관이 없다. 또 하나는 '다양성에 대한 존중'이다. 나는 교수로서 "학생들이 갖고 있는 다양한 백그라운드, 관점, 상황을 존중할 것"이며, 이를 통해 "학생들이 수업에 가져오는 다양성은 자원이자 장점이고 혜택benefit"임을 천명한다. 다양성을 배려 차원에서 접근하는 것이 아니라 학생들의 배움에 필수적인 도움이 된다는 점을 강조하는 것이다. 따라서 수업에서 "다양성을 존중하는 자료의 사용과 활동을 장려할 것이며" 이는 "젠더, 성, 장애, 나이, 사회경제적 지위, 인종, 종교, 정치적 지향, 문화 등을 포함한다"고 적는다. 다양성에 대한 이러한 언급은 강의 계획서에 꼭 넣어야 하는 의무가 아닌 권고 사항이지만 점차 확산하고 있다.

구글이나 마이크로소프트 등 미국 기업에서도 '다양성 책임자CDO'를 두고 인종, 사회계층, 성 정체성 등에서 다양한 구성원을 모으기 위해 애쓴다. 다양성은 성, 인종 등 타고난 면과 해외 유학, 경험 등 습득된 면에 의해 확대될 수 있다. 이들 기업은 다양한 구성원이 모여야 생산성이 높아지고 변화하는 환경에 더 잘 대응할 수 있다고 믿기 때문에 다양성을 확보하는 데 사활을 건다. 구글의 CDO는 그의 미션을 "우리 주위에 있는 세상의 상황을 잘 반영해 변화와 열정적인 사고의 리더를 만드는 데 있다"고 선언했다. 혁신과 창조는 다양한 배경과 경험을 가진 사람들이 모여 새로운 아이디어와 철학을 나눌 때 나올 수 있다는 확고한 믿음이다.

'다양성=혁신'이라는 등식은 단순한 믿음이 아니다. 미국 학계에서는 이미 다양한 분야에서 많은 경험적 연구가 축적되어 있다. 실례로 미시간대학 경영학 교수인 스콧 페이지Scott Page는 『다름The Difference』에서 왜 다양성이 혁신을 가져오는지에 관해 상세히 설명하고 있다. 그의 연구에 의하면 구성원의 다양성은 인지 능력의 다양성을 가져와 문제 해결에 중요한 도구가 되며 특히 어려운 과제를 해결할 때에는 개개인의 능력보다 더욱 큰 역할을 한다고 한다.

컬럼비아대학의 경영학 교수였던 캐서린 필립스Katherine Phillips도 「다양성이 어떻게 우리를 더 똑똑하게 하는가?How Diversity Makes Us Smarter」(2017)라는 논문에서 다양한 멤버로 구성된 팀에서는 자신이 생각하지 못했던 견해나 대안을 고려하고 평가하게 됨으로써 과제를 수행하는 능력이 향상된다고 역설했다. 반면 비슷한 환경에서 비슷한 교육을 받고 비슷한 생각을 가진 비슷한 사람들만 모여 있는 조직에서는 혁신적이고 색다른 아이디어를 기대하기 어렵다.

한국에도 잘 알려진 스탠퍼드대학의 D스쿨에서는 이를 '근본적 협력Radical Collaboration'이라고 한다. 수업이나 과제를 수행할 때에도 서로 다른 관점과 경험을 가진 이들을 섞어놓는 것이다. 가령 컴퓨터공학 전공자와 인문학 전공자를 섞어 협업하게 하는 방식이다. 스탠퍼드대학에 있는 인간 중심 인공지능 연구소Stanford Institute of Human Centered Artificial Intelligence도 이러한 사고방식을 반영하듯 컴퓨터공학과 교수와 철학과 교수가 공동으로 이끌고 있다.

미국 인사관리협회Society for Human Resource Management 조사에 따르면, 91퍼센트의 기업이 다양성 관리가 조직 경쟁력 향상에 긍정적 영향을 미친다고 응답했다. 또한 세계적 성별 다양성 정책 연구기관인 캐털리스트Catalyst의 조사에서도 최고 경영진에 여성 참여 비중이 높을수록 기업 경영이 투명해지고 창의적인 전략 실행 등을 통해 수익성이 높아진다는 흥미로운 결과가 나왔다. 1,700개의 기업을 조사한 보스턴컨설팅그룹Boston Consulting Group의 연구에서는 평균 이상의 다양성을 가진 기업이 평균 이하의 다양성을 가진 기업에 비해 혁신을 통해 얻는 수익이 19퍼센트 높았다. 다양성과 혁신의 상관관계를 가장 잘 보여주는 곳은 다름 아닌 글로벌 기술혁신을 이끌고 있는 실리콘밸리다.

혁신은
문화다

"아이폰은 기계가 아니다. 그것은 문화다." 스티브 잡스가 한 말이다. 단지 애플에만 해당하는 이야기가 아니다. 실리콘밸리의 가치와 정신을 압축적으로 담은 명언이다. 2015년 4월, 일본의 아베 신조安倍晋三 총리가 스탠퍼드대학을 방문해 애플, 구글, 야후, 트위터, 마이크로소프트 등 대표적인 미국 IT 기업의 CEO와 기술혁신을 주제로 토론회를 연 적이 있었다. 나도 그 자리에 참석했다. 그런데 이 토론에서 한 가지 흥미로운 사실을 발견했다. 아베 총리는 혁신의 기술적 측면에 초점을 맞춘 반면 실리콘밸리 리더들은 한결같이 혁신의 문화적 측면을 강조한 것이다. 혁신은 기술이 아닌 문화에서 나온다는 것이 이들 토론의 공통된 전제였다. 그리고 그 핵심은 다름 아닌 문화적 다양성이었다.

내가 실리콘밸리 지역에 산 지도 벌써 20년이 지났다. 단일민족임을 자랑스러워하며 한국에서 자랐고 교육을 받은 내가 이곳에 살면서 가장 많이 피부로 느낀 점은 문화적 다양성을 중요한 가치로 여기는 사고방식이다. 실리콘밸리는 미국의 백인 남성들끼리 만든 것이 아니다. 다양한 배경을 가진 인재들이 어울려 경쟁과 협력을 하면서 함께 만들었다. 인텔, 야후, 테슬라, 구글, 트위터 등 실리콘밸리에서 창업한 회사의 절반이 이민자에 의해 세워졌다. 기업뿐만 아니라 학교와 상점 등 거리 곳곳에서 문화적 다양성을 피부로 느낄 수 있다.

다양한 배경과 경험을 가진 사람들이 모일 때 새로운 아이디어와 다른 관점이 나오고, 이것이 기술혁신으로 이어진다는 논리는 실제로 실리콘밸리의 기업문화에 깊숙이 뿌리내리고 있다. "실리콘밸리의 90퍼센트는 문화이고, 10퍼센트는 기술이다"는 말을 자주 듣게 된다. 스티브 잡스가 한 말과 일맥상통하는 것이다.

미국은 이민 국가라 그렇다고 항변할지 모른다. 하지만 한국처럼 강한 민족주의를 가진 이스라엘도 다양한 인재풀을 활용해 창조경제의 모델로 우뚝 섰다. 이스라엘은 극심한 경제 불황을 극복하기 위해 기술 중심의 창업 지원 환경을 구축해 현재 전 세계가 주목하는 스타트업 국가Start-up Nation가 되었다. 이 과정에서

1991년 소련 해체와 함께 유입된 85만 명의 이주민이 큰 역할을 했다. 이들 가운데 40퍼센트 이상은 연구 경력이 풍부한 교수·과학자·엔지니어였고, 이스라엘은 이들을 배척하지 않고 중요한 인적 자원으로 적극 활용했다. 수도 텔아비브에서는 히브리어뿐만 아니라 여러 언어가 자유롭게 통용되고 있다. '스타트업 국가'는 우연히 탄생한 것이 아니다.

민족주의 연구의 권위자인 어니스트 겔너Ernest Gellner는 『국가와 내셔널리즘Nations and Nationalism』에서 일찍이 근대 민족주의의 기원을 동질적인 노동력이 필요한 산업화의 수요에서 찾았다. 즉, 규격화된 상품을 대량 생산하기 위해서는 동질적인 노동력이 필요했고, 가장 효과적인 방법은 민족이라는 공동체하에서 동질적인 정체성을 갖는 국민(시민)을 육성하는 것이었다. 한국이나 일본이 고속 성장으로 산업화를 이룩한 것도 동질적이고 표준화된 노동력을 단시간에 만들어낸 능력에 기인했다고 볼 수 있다. 이 과정에서 강한 단일민족 의식이 중요한 역할을 했다.

제4차 산업혁명 시대에는 동질적인 노동력으로는 리더가 될 수 없다. 패스트 폴로어가 아닌 퍼스트 무버가 되려면 이질적인 노동력이 더 중요할지도 모른다. 한국처럼 학연, 지연, 혈연에 얽매여 모두가 동일한 교육을 받고 동일한 스펙을 쌓고 동일한 목표를 향해 일사불란하게 뛰는 사회와는 정반대다. 남들과 다르게 '뛰는' 순간 타깃이 되는 기업과 사회문화 속에서 창조와 혁신이 자유롭게 흘러나올 리 만무하고 '적당주의'에 빠지게 되는 것은 자명하다. 한국 사회는 새로운 활력이 필요한 때다. 다양성 확보를 통한 혁신과 변화가 하나의 답이 될 수 있다.

순혈주의와
동화주의를 넘어

한국 사회에서 다양성 부족과 그 폐해를 가장 잘 보여주는 사례가 교수 사회의 순혈주의와 다문화주의라는 구호 아래 이루어지는 동화주의다. 2014년 한 자료에 따르면, 서울대학교는 84.1퍼센트, 연세대학교는 73.9퍼센트, 고려대학교는 58.6퍼센트가 자교自校 출신 교수다. 최근 자료인 2012~2019년간 서울대학교 전임 채용을 보면 자교 출신 비율은 전체 93개 학과 중 28개 학과가 100퍼센트, 40개 학과가 80퍼센트 이상이었다. 한국 대학의 상황이 이렇다 보니 한국인들은 내가 당연히 스탠퍼드대학에서 박사학위를 받았을 것이라고 생각한다. 그리고 그렇지 않다는 것을 알면 오히려 더 놀란다. 나뿐만 아니라 스탠퍼드대학 교수 중 이 대학 출신은 그리 많지 않다. 나도 교수직에 지원할 때는 관행에 따라 내가 졸업한 곳은 제외하고 다른 대학에만 지원했다.

이처럼 미국은 한국과 정반대에 가깝다. 미국에서는 자교 출신 교수 채용을 '학문적 동종교배academic inbreeding'라 칭하며 극

150

도로 제한하고 있다. 특별한 사유가 있지 않은 한 자교 출신 교수는 임용되기 힘들며 더욱 엄밀한 심사와 토론을 거친다. 대부분 대학에서 10~20퍼센트의 비율을 넘지 않는다. 자교 출신 교수가 본교本校로 다시 돌아오는 사례도 적을뿐더러 오게 되더라도 다른 곳에서 오랫동안 학문적 업적을 쌓고 학계의 인정을 받은 후에야 온다. 한국과 같은 '순혈주의'나 '동종교배'는 생각할 수 없다.

미국에서 동종교배는 득보다는 실이 많다는 것이 정설이다. 자교 출신 교수들의 연구 논문 실적이 타교 출신들에 비해 15퍼센트 떨어지고 외부 학계와의 소통 면에서는 40퍼센트나 뒤처진다는 연구 결과도 있다. 한국에서도 순혈주의에 대한 비판적 논의가 이루어지고 있지만 실제로 얼마나 개선되었는지는 의문이다. 한국은 외국에서 박사학위를 받고 본교로 돌아온 경우가 많으므로 상황이 좀 다르기는 하지만, 그래도 선후배들로 가득 찬 학과에서 얼마나 창의적인 학문 활동이 이루어질지 궁금하다. 언젠가 "내가 참석하면 교수 회의, 안 하면 동문회가 된다"는 한 지인의 말이 실감 난다.

또 다른 사례는 다문화주의라는 이름 아래 펼쳐지는 동화주의다. 2000년대 들어 저출산·고령화가 급속히 진행되면서 결혼 이주민과 노동자의 숫자가 증가했다. 이에 노무현 정부는 다문화주의를 주요 정책으로 채택했다. 오랫동안 단일민족 의식을 강조했던 한국이 다문화주의를 받아들인 것은 매우 획기적인 일이었다. 하지만 한국의 다문화주의는 안타깝게도 본래 취지와는 달리 대부분의 프로그램이나 정책이 외국인을 한국 사회와 문화로 동화하는 데 편중되어 있다. 반면 타문화에 대한 자국민의 이해를 돕는 일에는 소홀하다. 가령 베트남 신부에게 한국어와 한국의 역사를 가르치고 김치 만드는 법은 알려주지만 자국민, 하다못해 그 신부의 한국인 가족에게 베트남의 역사나 문화를 이해하고 존중하도록 선도하고 돕는 노력은 부족하다.

또한 한국의 다문화 정책은 결혼 이주민, 비숙련 외국인 노동자 등에 초점을 맞추고 있다. 따라서 사회적 약자 보호 정책의 측면에서만 접근하는 경향이 매우 강하다. 다문화 정책의 '보호'와 '특혜'를 받는 이주민은 '약자'가 되어버리고 내국인과의 관계에서 보이지 않는 수직·상하 관계에 놓이게 된다. 이로 인해 때로는 '다문화'라는 용어 자체가 '불우이웃'의 의미로 인식되는 지경에까지 이르렀다. 암묵적 갑과 을의 우열 관계를 조성해 대상자들에게서 호응을 얻지 못하는 경우가 많다. 내국인들에게는 반감과 혐오감을 일으켜 이들과 다문화가정 사이에 사회 갈등을 유발하기도 한다.

소프트웨어정책연구소SPRi는 2021년 「소프트웨어 산업 실태조사」를 통해 2022년에만 제4차 산업혁명의 4대 축인 인공지능, 빅데이터, 클라우드, 가상·증강 현실 분야에서 한국은 개발자 3만 1,833명이 부족할 것으로 전망했다. 삼성전자, 현대자동차 등 대기업을 중심으로 해외 인재 유치에 나서는 이유다. 하지만 여전히 배타적인 사회문화적 환경으로 인해 한국은 외국인 기술 전문 인력의 선호도 면에서 한참 뒤처진다.

프랑스의 대표적 경영대학원 인시아드INSEAD가 매년 발표하는 '글로벌 인재 경쟁력 지수GTCI'에서 한국은 2021년 134개국 중 27위에 머물렀다. 10~15위권인 국가 경제력에 비해 현저히 낮은 수준이다. 특히 '글로벌 인재 경쟁력 지수'를 산정하는 데 중요한 지표인 '두뇌 유치'와 '이민자의 수용성' 부문에서 각각 45위와 65위에 그쳐 매우 우려스러운 수준이다. 글로벌 경제 10위권인 한국으로서는 매우 실망스러운 수치다.

이런 사회문화적 환경에서 한국에 필요한 글로벌 인재를 유치하겠다는 것은 환상에 불과하다. 2022년 5월 법무부는 이민청 신설 추진을 공식화했는데, 해외 인재들을 통해 가시화할 인종적·문화적 다양성과 그것이 혁신에 미칠 영향 등에 대해 인식 제고부터 선행되어야 한다.

한국은 슈퍼 네트워크 사회다. 한 조사에 따르면, 한국에서는 3.6명만 거치면 아는 사이라고 한다. 3~4명의 인맥만 통하면 모두가 연결되는 슈퍼 네트워크 사회라고 칭할 만하다. 학연, 지연, 혈연 등에 강한 집착을 보이는 것은 당연하다. 연결고리가 많고 두터울수록 그들만의 네트워크는 좁아지고 특별해지며 장벽은 거대해진다. 그들만의 유대감은 더욱 강해지지만 외부 집단을 향해서

슈퍼 네트워크의 위험과 다양성의 가치

는 점점 더 배타적인 성향을 띠게 되고 이에 변화를 기대하기는 어려워진다. 서열 경쟁 사회의 좁은 슈퍼 네트워크 속에서 폐쇄적 집단주의가 생기는 것이다.

한국이 다음 단계로 도약하기 위해서는 학연, 지연, 혈연으로 얽힌 폐쇄적 슈퍼 네트워크의 담장을 허물어야 한다. 그 자리에 다양한 배경, 관점, 경험을 가진 인재가 함께 어울려 사는 터를 세우고 새 집을 지어야 한다. 그러기 위해서는 다양성에 대해 새로운 관점을 갖춰야 한다. 다양성을 배려와 균형의 문제가 아닌 혁신과 성과의 문제로 보는 것이다.

2022년 대선 기간에 가장 뜨거운 논쟁을 일으켰던 여성가족부 이슈만 해도 주요 미션을 새롭게 업그레이드해야 할 때가 되었다. 여성에 대한 보호와 배려의 차원을 넘어 성별의 다양성을 제고함으로써 한국 사회에 어떤 혁신과 변화를 가져올 수 있을지 고민해야 한다. 그리고 이를 정책적으로 뒷받침하는 데 초점을 맞출 필요가 있다.

윤석열 정부의 초대 내각 인선을 보며 법조계, 특히 '검찰 슈퍼 네크워크'로 얽혀 문재인 정부의 전철을 밟는 것이 아닌가 하는 우려도 생긴다. 법무부, 통일부, 국토교통부, 행정안전부 장관이 대통령과 같은 대학 같은 학과 출신의 선후배 법조인이다. 국무총리, 대통령 비서실장, 경제부총리 겸 기획재정부 장관 등이 소위 '모피아MOFIA' 출신이다. 대통령실의 항변대로 개개인의 능력이 출중하고 탄탄한 팀워크로 일의 효율성을 높여 단기간에 성과를 낸다고 가정하자. 그럼에도 급변하는 제4차 산업혁명 시대에 한국 사회에 필요한 혁신에 성공할 수 있을까? '여성의 시선'이 한류의 성공을 가져온 것은 결코 우연이 아니었음을 명심해야 한다.

___

대학의

힘

미국의 힘은
어디에서 나오는가?

　　　　　미국의 시대는 21세기에도 지속되고
있다. 냉전시대의 소련과 1980년대의 일본이 미국을 추격했지만
뛰어넘지 못했다. 지금은 중국이 맹추격하고 있지만 역부족이다.
이들이 뛰어넘지 못하는 미국의 힘은 어디에서 나오는 것일까?

　　첫째는 기술혁신이다. 실리콘밸리로 대표되는 기술혁신은
세계 경제를 이끌고 있다. 인텔, 애플, 구글, 페이스북, 우버, 테슬
라, 트위터 등 기술혁신을 이끌고 있는 기업들은 각 분야에서 글로
벌 플랫폼을 구축했다. 둘째는 군사력이다. 2022년 현재 미국의

국방비는 7,500억 달러로 2,370억 달러를 지출하는 2위 중국의 3배를 넘는다. 또 한국을 비롯해 가장 많은 나라와 군사동맹을 맺고 있으며, 세계 곳곳에 미군이 주둔하고 있다. 중국이 미국의 경제를 추격하고 있지만 군사력을 추월하기까지는 더 많은 시간이 필요할 것이다. 셋째는 대학이다. 미국에는 약 4,000개의 대학이 있으며, 글로벌 순위 100위권 대학의 절반가량이 미국에 있다. 미국 대학은 글로벌 인재의 양성소 기능을 한다. 약 100만 명의 외국인 학생이 재학하고 있다. 미국 다음으로 외국인 학생이 많은 영국과 캐나다의 2배 수준이다.

미국의 시대를 뒷받침하는 기술혁신, 군사력, 대학은 서로 연관되어 있다. 그 핵심은 대학이다. HP를 비롯해 구글, 페이스북, 야후 등 수많은 기업이 대학에서 탄생한 것은 잘 알려진 사실이다. 스탠퍼드대학이나 UC버클리가 없었다면 실리콘밸리의 탄생은 불가능했을 것이다. 두 대학은 산학협동의 성공적인 사례다. 스탠퍼드대학 출신 창업자가 수두룩하고, UC버클리 졸업생은 실리콘밸리 기술산업 분야에 가장 많은 인력을 공급하고 있다.

미국 국방부는 대학의 기초연구에 많은 지원을 하고 있으며 (연간 7억 5,000만 달러 수준), 군사용으로 개발한 기술은 상업화로 연결되기도 한다. 대표적 경우가 GPS다. 이 기술은 미국 국방부가 1973년에 개발했다. 1983년 로널드 레이건Ronald Reagan은 소련에 의한 대한항공 격추 사건 이후 상업용으로도 GPS 기술을 사용할 수 있도록 승인했다. 미국에서는 산학협동을 넘어서서 산·학·정 협동이 유기적으로 이루어지고 있다. 이 삼각 체제의 핵심 역할을 대학이 이끌고 있다. 아시아는 물론 자존심이 높은 영국, 독일, 프랑스 등 유럽 대학들도 영어 강의를 늘리고 산학협동을 강조하는 등 '대학의 미국화Americanization' 경향을 보이고 있다.

이처럼 미국 대학이 미국의 시대를 이끌고 있는데 비해 한국의 대학은 위기를 맞고 있다. 학령인구는 감소하고 재정 상황은 악화하며 수도권과 비非수도권 대학 간의 불균형이 심화하는 가운데 한국 대학의 생태계는 활력을 잃어가고 있다. 대학의 변화는 한국의 미래를 위해 매우 중요하고도 시급한 과제다. 대학을 비롯한 교육은 노동·연금과 함께 윤석열 정부가 핵심 과제로 추진하는 3대 개혁 중 하나다. 이런 맥락에서도 다른 나라, 특히 미국에서 시사점을 찾아보려는 노력은 중요하고 시의적절하다.

상생의
생태계

정치, 경제, 사회, 문화 분야의 어떤 제도든 건강한 생태계가 중요하다. 구성원 간의 유기적인 협력과 상생의 생태계를 조성하지 않으면 그 제도는 오래 지속할 수 없다. 그런 점에서 우선 미국 대학의 생태계를 살펴볼 필요가 있다.

2019년 통계를 보면 약 4,000개의 대학 중 공·사립학교가 거의 절반씩 균형을 이루고 있다(미국의 공립은 주립이나 시립 등이며 국립은 없다). 이 중에는 4년제·2년제 대학도 있고 박사과정을 두고 연구를 강조하는 종합대학뿐만 아니라 학부 중심의 1,000~2,000명 규모의 작은 리버럴 아츠 칼리지Liberal Arts College, 누구나 입학할 수 있는 커뮤니티 칼리지Community College도 있다. 또 숫자는 적지만 이윤을 추구하는 대학도 있고, 온라인 대학도 있다.

좀더 구체적인 논의를 위해 내가 살고 있는 캘리포니아주를 중심으로 살펴보자. 캘리포니아주 인구는 4,000만 명으로 한국보다는 조금 적지만 경제 규모는 1.7배 정도 된다. 스탠퍼드대학·남가주대학 등 종합대학뿐만 아니라, 포모나 칼리지 등 우수한 리버럴 아츠 칼리지도 있다. 특히 캘리포니아주는 미국 내에서 가장 우수한 공립대학 생태계를 유지하고 있어 한국에 주는 시사점이 크다.

캘리포니아주의 대학은 캘리포니아대학University of California, UC, 캘리포니아주립대학California State University, CSU, 커뮤니티 칼리지Community College, CC로 체계화되어 있다. UC는 버클리에서 시작해 로스앤젤레스, 샌디에이고 등 10곳에 캠퍼스가 있다. 전체 학생 수는 30만 명에 달한다. 주민의 경우 등록금은 2022년 현재 약 1만 4,000달러로 6만 달러에 육박하는 사립대학에 비해 4분의 1 정도다. 대학뿐만 아니라 우수한 대학원과 리서치 프로그램을 운영하고 있다.

그다음은 CSU로 23개의 캠퍼스에서 약 50만 명의 학생이 공부하고 있다. UC와 달리 입학이 어렵지 않고(경쟁률은 1.2대 1 정도) 등록금도 6,000달러 정도로 저렴하다. 학생과 교수 모두 파트타임이 많고 졸업까지 평균 6~8년이 걸린다. 캘리포니아주 교사 자격증 소지자 절반 이상이 CSU를 졸업하는 등 그 나름으로 특화되어 있는 분야도 적잖고, 라티노Latino 등 소수계 학생이 많다.

마지막으로 CC(2년제)는 캘리포니아주에만 116개가 있다. 등록금은 2,000달러 정도로 매우 저렴하다. 누구나 입학해 다닐 수 있는데, 약 210만 명의 학생이 공부하고 있다. 중요한 것은 UC-CSU-CC가 유기적으로 움직이며 캘리포니아주 공립대학의 생태계를 안정적으로 유지하고 있다는 점이다.

가장 인기가 높고 입학 경쟁이 심한 UC는 신입생을 선발할 때 3분의 2 정도만 고등학교 졸업생 중에서 받아들인다. 나머지 3분의 1 정도는 편입생을 받는데, 그중 대부분이 CC 졸업생이다. 요즘 가장 인기가 좋다는 UCLA는 2021년 입학생 자료를 보면 6,585명만이 고등학교에서 바로 진학했다. 편입생이 3,436명이었는데 이들 대부분(93퍼센트)이 CC 출신이었다.

UCLA 편입생 중 44퍼센트가 그 집안에서는 처음으로 대학에 가는 학생(퍼스트 제너레이션)이고, 36퍼센트는 소수민족 출신이며, 72퍼센트가 재정 지원을 받고 있다. 또 편입생들의 합격률은 19퍼센트로 11퍼센트에 불과한 일반 전형에 비해 입학이 다소 수월한 편이다. 다른 UC 캠퍼스도 사정은 비슷하다. UC로 편입하기가 어려운 경우는 조금 낮춰 CSU로 편입한다. 편입은 재정 형편이나 다른 이유로 고등학교 졸업 후 바로 대학에 들어가기 어려운 학생들에게 제2의 기회를 주는 좋은 제도라고 할 수 있다.

이처럼 UC-CSU-CC는 그 나름의 역할 분담을 통해 협력과 보완 관계를 유지하면서 캘리포니아주 공립대학의 생태계를 유지하고 있다. 수도권 대학과 비수도권 대학이 제로섬 게임을 하듯 대립하거나, 대학이 미래의 일과 삶에서 차지하는 비중이 엄청 난데도 다른 기회가 주어지지 않아 재수·삼수를 할 수밖에 없는 한국의 환경과는 대조된다.

한국 대학의 생태계를 활성화할 방법은 무엇일까? 일단 사립 대학은 제외하고 국립대학에 한정해서 본다면, 서울대 정원의 4분의 1을 지방 국립대학 출신 편입생으로 채우고 지방 국립대학 정원의 4분의 1을 전문대학 출신 편입생으로 채우는 식의 구조 개편을 고려해볼 만하다. 그러면 서울대, 지방대학, 전문대학 간에 좀더 유기적이고 공생적인 관계가 만들어질 수 있다. 서울대와 지방 국립대학 간의 수준 차가 큰데 어떻게 가능하냐고 반문할지 모르지만, CC 2년을 이수하고 UC버클리나 UCLA 등의 명문대로 편입해 우수한 성적으로 졸업하는 경우를 고려해보면 이는 기우에 불과하다. 졸업률은 편입생(88퍼센트)이 신입생(84퍼센트)으로 입학한 경우보다 오히려 조금 높다.

교육 생태계 내에서 순환이 이루어지면 '한 번 루저는 영원한 루저'라는 인식은 사라질 수 있다. 재수·삼수를 하지 않아도 다시 기회가 주어지므로 입시에 지친 젊은이들에게 희망을 줄 수 있고, 사회적 불평등 문제를 일정 정도 해소하는 효과도 낼 것이다. 여러 사정으로 인해 전문대학에 진학했어도 뜻이 있다면 그곳에서 열심히 공부해 지방 국립대학으로, 더 나아가 서울대로 편입학할 기회가 열린 사회를 만드는 것이다. 또 한국 대학의 고질적 병폐인 서열화를 약화시키고 다양성을 고양할 수 있다.

대학은 공부만 하는
곳이 아니다

이러한 생태계를 유지하는 데 중요한 것은 제도 못지않게 그 구성원이다. 미국 대학은 구성원의 다양성만큼이나 그 구성원을 충원하고 평가하는 기준도 다양하다. 스탠퍼드대학이나 UCLA와 같은 종합대학에서는 교수의 연구 업적이 매우 중요하다. "논문을 출간하지 못하면 망한다publish or perish"라는 말이 생긴 것도 이런 이유에서다. 반면 리버럴 아츠 칼리지에서는 연구 업적 못지않게 강의와 학생 지도가 중요하다. 커뮤니티 칼리지에서는 학생들이 2년간 열심히 공부해 4년제 대학으로 편입하는 것을 도와주는 게 교수들의 중요한 임무 중 하나다.

미국 대학의 교수들에게 가장 중요한 제도는 테뉴어tenure다. 테뉴어를 받으면 범죄행위를 하지 않는 한 자신이 원할 때까지 재직할 수 있다. 은퇴 연령이 없어 한국에서는 종신교수라고 번역한다. 하지만 테뉴어는 직업 보장이라는 의미보다는 학문적 자유를 보장하는 의미가 더 크다. 정치 등 외부 상황에 눈치를 보지 말고 소신껏 연구하고 토론할 수 있는 장을 보장하는 것이다. 그 대신 테뉴어 심사는 매우 엄격한데, 가장 중요한 기준이 해당 분야 전문가들의 학문적 평가다. 주요 대학에서는 보통 12명 이상의 외부 전문가에게서 평가를 받고 1년간 여러 단계의 심사 과정을 거치기 때문에 비교적 객관적이라고 할 수 있다.

테뉴어를 받지 못하면 1년 이내에 이직해야 하므로 보통 급을 낮춰 가지만 이를 당연한 일로 받아들인다. 반면 연구 업적이 뛰어나면 환경이 더 좋은 대학으로 이직할 수도 있다. 대학 간에는 우수한 교수를 유치하기 위한 경쟁이 치열하다. 설사 현재의 대학에서 테뉴어를 받지 못해 조금 못한 대학으로 옮겼더라도 그곳에서 우수한 연구 업적을 쌓으면 다시 더 좋은 대학으로 갈 수 있다. 한국과 달리 미국의 대학교수 노동시장이 유연하게 형성되어 있다는 뜻이다. 나도 아이오와대학에서 첫 3년을 재직한 후 UCLA로 옮겨 7년간 있었고, 2001년 스탠퍼드대학으로 이직해 지금까지 재직하고 있다.

교수들의 충원과 평가 못지않게 학생들의 선발도 매우 중요하다. 미국의 명문대는 공부만 잘하는 학생을 선발하지 않는다. 물론 일정 수준의 학습 능력이 있어야 하기 때문에 성적이나 SAT(대학수능시험) 등의 점수가 중요하기는 하지만, 이는 어디까지나 그 대학에서 공부할 지적 능력이 있느냐를 보는 일종의 필수 조건이지 합격 여부를 결정하는 충분조건은 아니다. 성적은 전부 A를 받았고 APAdvanced Placement(고등학생이 대학 수준의 과목을 대학 입학 전에 학점으로 따서 이수하는 제도) 과목도 여럿 들었으며 SAT는 만점을 받았지만 떨어지는 경우도 있다. 최근에는 SAT를 없애거나 비중을 줄이는 추세다. UC에서는 아예 제외되었다.

미국 대학은 크기나 미션(학교가 추구하는 목표) 등에서 매우 다양한 만큼 입학 사정 기준도 다양할 수밖에 없다. 대체로 좋은 대학일수록 미국 사회에 필요하고 더 나아가 글로벌 사회에 필요한 인재를 키우는 것을 목표로 삼고 학생을 선발한다. 이때 중요한 기준으로 삼는 요소가 학업 성적 이외에 '리더십'과 '커미트먼트 commitment'다. 리더십을 갖기 위해서는 자신이 속한 공동체에 대한 책임 의식과 희생·봉사 정신을 갖는 게 중요하다. 이것이 바로 리더십의 출발점이다. 커미트먼트는 '약속, 헌신, 전념'으로 번역된다. 뭔가 정확한 어감은 아니지만 자신이 정말 하고 싶고 중요하게 생각하는 일에 대해 포기하지 않고 열정을 바치는 것이다. 공부든 운동이든 음악이든 봉사활동이든 자신이 하는 일에 대한 열정이 있는지 보여줄 수 있어야 한다.

한국에서는 이른바 '스펙'을 쌓는 데 많은 시간을 쓰고 노력한다. 엄청난 스펙을 갖고 있는 학생들을 보면 겉으로는 화려해 보일지 몰라도 과연 어느 하나라도 진지한 열정을 갖고 있는지 의구심이 든다. '스카이 캐슬sky castle'의 화려함에 가려진 허상과도 같다. 미국 대학에서는 화려한 스펙을 가진 학생보다는 하고 싶은 일에 대해 오랫동안 열정을 갖고 전념한 학생에게 더 많은 가치를 부여한다.

또 미국 대학은 학생을 선발할 때 그 구성원의 다양성을 매우 중요하게 여긴다. 스탠퍼드대학만 해도 백인 학생의 비율이 절반에 미치지 못하고 남녀 비율도 대등하다. 과거처럼 소수자 우대 정책(어퍼머티브 액션)을 펴지는 않지만, 다양성은 학생이나 교수 선발에서 미국 대학의 매우 중요한 가치로 자리 잡았다. 따라서 대학 지원자들도 획일적 기준에 맞추려 하기보다는 자신만이 갖고 있는 독특함을 통해 대학 사회에 어떠한 공헌을 할 수 있을지 보여주어야 한다.

대학은 공부만 하는 곳이 아니고 또 공부만 잘하는 학생들을 모아둘 필요도 없다. 대학은 그 사회에 필요한 책임 있는 리더와 구성원을 육성하는 곳이다. 다양한 배경과 관심을 가진 학생이 모여야 서로의 호기심을 자극하고 새로운 아이디어를 낼 수 있다. 구글이나 야후 등 실리콘밸리 첨단산업의 창업자들이 스탠퍼드대학에 다니면서 새로운 아이디어를 구상하고 창업에 성공한 것은 이런 입학 정책과 무관치 않다. 한국도 21세기형 인재를 어떻게 선발하고 육성할지에 대해 더 많은 고민을 해야 한다.

지속 가능한
대학

대학이 사회와 분리되어 존재할 수 없는 만큼 고고한 상아탑으로 남아서는 안 된다. 사회와 경제를 선도해야 하며 공급자가 아닌 수요자 중심의 교육이 필요하다. 이제는 산학협동이 일반화되었지만 이를 선도하는 데 중요한 역할을 한 사람이 스탠퍼드대학의 프레드 터먼Fred Terman 교수다. 카이스트KAIST 설립에 기여한 바가 커서 한국에도 잘 알려진 인물이다. 스탠퍼드대학 산업공원Industry Park을 만들었고, 학생들이 창업하도록 장려한 선구자다. 이후 스탠퍼드대학 학생들이 창업한 회사는 4만여 개에 달한다. 터먼 교수는 현재의 실리콘밸리를 만드는 데 중추적 역할을 했다. 대학이 상아탑 속에 머물러 수요자인 사회의 새로운 요구에 부응하지 못했다면 불가능한 일이다. 스탠퍼드대학이 반도체부터 IT(정보기술)를 거쳐, 현재의 AI(인공지능) 등을 선도하는 데는 이러한 학풍의 결과다.

최근에는 '지속 가능 대학College of Sustainability'이 생겼다. 스탠퍼드대학에 단과대학이 새로 생긴 것은 70년 만에 처음 있는 일이다. 공대, 의대, 경영대와 같은 전문 분야가 아닌 일반인에게는 아직도 생소한 특정 이슈를 중심으로 대학이 생겼다는 것이 흥미로운 일이다. 앞으로 인류가 마주해야 할 두 가지 중요한 문제가 기후변화와 에너지 위기라는 점을 인식하고 이를 선도적으로 연

166

구하고 해결책을 만들어보겠다는 의지가 반영되었다고 할 수 있다. 기존의 교수진 이외에 60명의 교수를 새로 충원하고 과학뿐만 아니라 정책과도 연결할 것으로 기대된다.

새로운 단과대학을 만드는 데는 실리콘밸리의 벤처 캐피털리스트인 존 도어John Doerr와 그의 아내 앤 도어Ann Doerr의 기부가 기폭제 역할을 했다. 이들이 기부한 11억 달러(약 1.4조 원)를 포함해 약 15억 달러의 기부금을 토대로 새로운 단과대학이 세워졌다. 기부금 제도는 미국 대학의 생태계를 활성화하는 윤활유와도 같다. 이를 바탕으로 하버드대학(532억 달러), 스탠퍼드대학(378억 달러) 등의 사립대학뿐만 아니라 UT(텍사스대학) 계열(421억 달러), UC 계열(121억 달러) 등 공립대학도 엄청난 기부금을 갖고 대학 발전에 활용하고 있다.

한국에서는 이러한 제도를 입학하기 위해 돈을 기부하는 것으로 오해한다. 미국 사립대학에서는 동문이나 대학에 기여한 사람의 자녀들을 입학 사정에서 고려하는 레거시 입학Legacy Admission 제도가 있기는 하지만 돈을 내고 입학한다는 것은 상상하기 어렵다. 최근에 부정 사례가 몇 건 발견되어 학생의 입학은 취소되었고 부모는 법적 처벌을 받았다.

오히려 미국에서는 도어 부부의 기부처럼 대학이 미래의 과제를 발굴하고 연구를 선도하는 데 지원한다. 또 우수한 교수를 채용하고 재정적으로 어려운 학생들을 지원하는 데 사용한다. 스탠퍼드대학에서는 부모의 수입이 연간 7만 5,000달러 이하면 등록금을 비롯해 기숙사비 등 대학 비용 전액을 면제해준다. UCLA에서도 전체 학생 중 45퍼센트가 학자금 보조를 통해 등록금을 면제받고 있다. 미국에서는 우수한 학생에게 주는 스칼러십scholarship이 있기는 하지만 재정 형편이 어려운 학생들에게 주는 재정 보조가 대부분이다. 돈이 없어서 공부를 못 하지는 않는다. 기부금 제도는 부의 재분배 효과도 거두고 있으며 이를 활성화하기 위해 기부자에게 세금 감면 등의 혜택을 준다.

등록금과 교수 연봉은 동결되고 기업·개인의 기부는 미미한 상황에서 한국 대학이 글로벌 리더가 되기는 어렵다. 교수 수가 비슷한 스탠퍼드대학의 연간 예산이 약 9조 원인데 비해 서울대학교 연간 예산은 6분의 1 수준인 1조 6,000억 원이다(전체 학생 수는 서울대학교가 스탠퍼드대학보다 오히려 2배가량 더 많다). 교육부 예산 중 대학 지원금은 약 12조 원으로 유아·초등 예산의 6분의 1 수준이며 OECD 회원국 중 최하위권이다. 대학이 경제·사회의 새로운 수요에 부응하고 이를 선도하는 리더가 되려면 재정 확보가 절실하다. 정부의 더 많은 지원뿐만 아니라 대학에 대한 통제와 간섭도 줄여야 한다. 기업과 개인이 미래를 바라보고 대학을 지원할 수 있게 인센티브를 주어야 한다. 동시에 대학은 책임 의식을 갖고 미래를 선도하는 역할에 충실해야 한다.

대학의
미래

　　마지막으로 대학의 거버넌스 문제다. 한국과 비교해볼 때 미국 대학의 리더십은 훨씬 더 중장기적이고 연속성이 크다. 내가 UCLA에 재직할 당시 총장이었던 찰스 영 Charles Young은 29년간 총장으로 일했고, 내가 스탠퍼드대학으로 옮길 당시 총장이었던 존 헤네시John Hennessy는 16년간 재직했다. 대부분의 학장도 오래 재직하고 나도 스탠퍼드대학의 아시아태평양연구소장직을 2005년부터 지금까지 18년째 맡고 있다.

　　또 미국 대학에는 한국과 같은 본부라는 개념이 없다. 대학 운영이 상당히 분권화되어 있기 때문이다. 교수 채용 등 단과대학 학장 등의 승인이 필요한 사안이 있고, 법률적 검토가 필요한 경우에는 학교 법무팀의 도움을 받지만 거의 모든 사안에 일일이 '본부'의 승인을 받아야 하는 한국 대학과는 다르다. 실례로 스탠퍼드대학 아시아태평양연구소와 한국 대학의 연구소가 협력을 위한 서류에 사인한다고 하면, 미국에서는 내가 연구소장으로서 결정할 수 있는 사안도 한국에서는 대부분 본부의 승인을 받아야 한다고 한다.

　　미국 대학의 운영이 분권화되어 있는 대신 교수들은 엄격한 규정에 따라 활동해야 한다. 다른 대학들도 대동소이하지만 스탠퍼드대학은 매년 5월이면 학교에 제출해야 하는 서류가 2개 있다.

지난 1년간 교수로 활동하면서 '책무의 상충conflict of commitment' 과 '이해관계의 상충conflict of interest'이 있었는지 자발적으로 밝혀야 한다. 몇 년 전 나는 한국의 한 대학에서 겸임교수 제안을 받은 적이 있다. 좋은 기회라 싶어 학교에 문의했지만 '책무의 상충'이 있다는 답을 받고 정중히 거절할 수밖에 없었다. 스탠퍼드대학에서 교수들의 학회 활동은 물론이고 1년에 52일까지는 컨설팅 등 외부 활동을 할 수 있도록 허용한다. 하지만 스탠퍼드대학 교수 본연의 책임과 임무를 수행하는 데 지장을 준다면 '책무의 상충'에 해당하는 것으로 판단해 매우 엄격하게 규제한다.

'이해관계의 상충' 역시 마찬가지다. 예를 들어 기업·정부 등 외부 기관의 자문이나 연구 프로젝트에 참여할 경우 대학의 품위를 손상하거나 이해관계가 상충하지 않도록 세밀한 규정을 갖고 있다. 즉, 외부 컨설팅 프로젝트에는 스탠퍼드대학이라는 이름이나 로고를 사용할 수 없으며 외부 기관의 디렉터나 매니저 등 의사결정권이 있는 관리직은 맡을 수 없다.

한국도 엄격한 기준을 정하되 그 안에서는 자유롭게 활동할 수 있는 공간을 만들고 이를 제도화하는 것이 중요하다. 종종 논란이 되는 폴리페서polifessor 등 외부 활동의 문제도 책무의 상충과 이해관계의 상충이라는 두 가지 측면에서 접근해볼 수 있을 것이다. 가령 교수가 선거 캠프에서 풀타임으로 몇 달간 활동한다면 그 기간에는 무급 휴직을 하는 것이 책무의 상충을 피하는 합리적 방법이 될 수 있다.

한국 대학은 정치와 마찬가지로 리더십이 단기적이어서 연속성이 결여되어 있다. 대부분의 대학 총장은 업무 능력에 상관없이 4년 단임에 그치고, 학장 등 보직 교수들의 임기도 보통 2년 길어야 4년이다. 그렇다 보니 단기적 성과에 집착하고 긴 호흡을 갖고 미래 지향적으로 대학을 이끌어가기가 어렵다. 또 새로운 대학 집행부가 들어서면 전임 집행부와 차별화하는 경향이 크다.

이러한 거버넌스의 문제는 총장 직선제와 연관이 깊어 보인다. 미국 대학에서는 한국과 같은 총장 직선제는 상상할 수 없다. 그 대신 교수, 대학 이사, 동문을 포함한 다양한 구성원이 총장 선출 위원회를 만들어 1년 정도 글로벌 서치를 통해 선임한다. 선정에 신중을 기하는 만큼 업무 수행에 문제가 있지 않는 한 오래 맡긴다. 한국의 직선제가 민주화라는 시대적 소명하에서 탄생한 점은 인정하지만, 이제는 그 소임을 다했고 외려 대학 사회를 정치화하는 부작용만 커졌다. 새로운 거버넌스를 구축해야 한다.

미국의 쇠퇴에 대한 논쟁이 있기는 하지만, 미국이 여전히 초강대국으로 세계를 이끄는 데는 대학의 힘이 크다. 미국 대학은 기술혁신의 원천이며 막강한 경제력과 군사력을 뒷받침한다. 한국도 우수한 교육과 엄청난 교육열로 오늘의 한국을 만들 수 있었다. 그러나 지금은 수도권과 비수도권 대학 간 불균형의 심화, 열악한 재정 상황, 거버넌스의 정치화 등으로 한국의 대학은 위기를 맞고 있다. 한국이 다시 새로운 도약을 하기 위해서는 대학 생태계를 활성화해야 한다. 한국의 미래가 대학에 달려 있다는 점을 명심해야 할 것이다.

글로벌 인재를
유치하라

글로벌 인재
유치 전쟁

　　　　　　21세기 세계는 두 가지 거대한 변화의
물결을 맞고 있다. 하나는 정보화와 디지털화로 대변되는 기술·경
제적 변화(제4차 산업혁명)다. 또 하나는 저출산과 고령화로 촉진되
는 사회·인구학적 변화다. 세계적으로 기술·전문 인력의 중요성
은 더욱 커지고 있는 반면, 선진국을 중심으로 발생하고 있는 저출
산과 고령화에 따른 생산가능인구(15~64세)의 감소로 수요와 공
급 사이 불균형이 커지고 있다. 이에 따라 우수한 인재 유치를 위
한 국가 간, 기업 간 전쟁도 심화하고 있다.

한국도 예외일 수 없다. 제4차 산업혁명 시대를 이끌 우수한 인재가 턱없이 부족한 상황에서 저출산, 고령화, 생산가능인구 감소, 두뇌 유출 등 사회·인구학적 변화의 속도는 다른 선진국에 비해 더 빠르다. 그동안 한국은 부족한 노동력을 메우기 위해 개발도상국에서 비숙련 노동자를 유치하는 데 초점을 맞추었으나, 이제는 글로벌 인재 유치로 시선을 돌려야 한다. 한국의 미래를 위해 더는 피할 수 없는 엄연한 현실이다. 사정이 이런데도 외국인에게 배타적인 한국은 우수한 해외 인재를 유치하는 데 한참 뒤처져 있다.

제4차 산업혁명 시대를 맞아 사회·인구학적 위기를 극복하고 새로운 성장 동력을 찾기 위해 한국은 어떠한 정책과 전략으로 해외 인재를 유치하고 활용할 수 있을 것인가? 저출산고령사회위원회를 설치하고 이민청 설립을 논의하는 등 정부도 이에 대한 필요성은 인식하고 있으나 아직 미흡한 점이 많다. 미국, 호주 등 이민 국가는 물론이고 한국과 비슷한 역사적·사회적 환경을 지닌 독일이나 일본도 해외 인재 유치에 적극적으로 나서고 있다. 이들의 경험에서 배울 교훈은 무엇인가?

21세기는 그야말로 치열한 글로벌 인재 유치 전쟁 시대다. 인공지능, 빅데이터, 자율주행 자동차, 로봇 등의 첨단기술 분야에서 경쟁의 강도는 더욱 심화하고 있다. 우수한 인적 자원의 범세계적 이동이 증가하는 가운데 저출산·고령화로 인해 많은 선진국이 해외에서 인재를 적극 유치하고 있기 때문이다. 글로벌 인재들은 전 지구적으로 수요가 많으므로 국적과 국경을 초월해 자신에게 최상의 조건을 제시하는 곳으로 이동하고 있다. 즉, 우수한 인재일수록 임금 조건 이외에도 삶의 질이나 사회문화적 환경 등 전반적인 조건을 고려해 이동한다. 자연히 이들이 갑이 되는 세상이 되고 있다.

반이민 정서를 동반한 국수주의적 흐름이나 미중 간의 기술·정보 전쟁 등 지정학적 요소 또한 큰 영향을 미치고 있다. 실리콘밸리만 봐도 치열한 기술·정보 전쟁과 인재 유치 전쟁이 동시에 벌어지고 있다. 특히 인공지능, 빅데이터, 자율주행 자동차, 사물인터넷 등 첨단기술 분야에서 중국과 벌이는 인재 유치 전쟁에서는 긴박함이 묻어난다. 미중 무역 갈등은 표면의 일각에 불과하며, 정작 수면 아래 있는 큰 빙산은 기술·정보 싸움과 인재 싸움이다. 기술, 인력, 데이터 등 미래의 운명을 좌우할 분야에 중국 정부가 직·간접적으로 나서고 있어 미국으로서도 위협을 느끼지 않을 수 없는 것이다. 조 바이든 행정부가 전기자동차, 반도체, 인공지능 등 첨단기술 분야에 중국 견제 입법을 서두르고 인도·태평양 경제 프레임워크나 칩4 등 경제·기술 동맹을 강화하는 것도 이런 연유에서다.

최근 30년 동안의 글로벌 기업의 부침을 보면 기술·인재 전쟁의 중요성과 심각성을 이해할 수 있다. 2018년 7월 기준, 자본 규모 면에서 세계 5대 기업은 애플, 아마존, 알파벳(구글 모기업),

마이크로소프트, 페이스북이다. 공히 비교적 역사가 짧은 신생 기업들이다(최근 들어 유가의 급등으로 사우디아라비아의 아람코가 톱 5에 진입했다). 정보기술 관련 기업으로, 첨단 기술력을 바탕으로 단기간에 엄청난 부를 축적했다는 공통점도 있다. 특히 이들 기업에는 중국과 인도를 비롯해 세계 각국에서 모인 글로벌 인재들이 포진해 있고 이들이 중요한 역할을 담당한다. 미중 간의 기술·정보 인재 유치 전쟁도 매우 복잡한 양상으로 전개될 것이다.

일본의 경험은 좋은 교훈이 될 수 있다. 일본의 전성기이던 1989년 당시 글로벌 톱 10 기업 중 7개, 톱 50 중 32개가 일본 기업이었다. 30여 년이 지난 지금 톱 30 안에 드는 일본 기업은 없고 그나마 도요타자동차(49위)만 간신히 50위권을 지키고 있다. 일본이 쇠퇴한 원인은 상품의 글로벌화에는 성공했지만 조직문화와 인재의 글로벌화에 실패했기 때문이다. 특히 사회·인구학적 위기 속에서도 기업문화와 조직이 점점 내부 지향적이고 폐쇄적으로 변하면서 글로벌 인재 유치 경쟁에서 뒤졌던 일본의 경험은 한국에도 시사하는 바가 크다.

초저출산 국가와
초고령 사회

한국은 저출산, 고령화, 두뇌 유출이라는 사상 초유의 '삼각 파도'를 맞고 있다. 저출산·고령화로 인한 생산가능인구의 감소라는 사회·인구학적 위기에 더해 두뇌 유출 또한 심각하다. 이 엄청난 파고는 인재풀의 약화를 가져와 한국의 미래에 어두운 그림자를 드리우고 있다. 두뇌 유출은 크지 않았던 일본에 비해 더 심각한 상황이라고 할 수 있다.

1990년대 이후 일본 경제의 거품이 꺼지면서 직면했던 이른바 '잃어버린 20년'도 저출산·고령화라는 급격한 인구 변화와 밀접한 관계가 있다. 과거의 경제 모델이 인구 통제, 즉 산아제한 등을 통해 경제성장을 이루는 데 초점을 맞추었다면, 저출산·고령화라는 정반대 현상이 경제에 미치는 영향에 대해서는 깊은 연구와 성찰이 이루어지지 못했다. 이런 상황에서 선진국 중 일본이 가장 먼저 저출산·고령화라는 사회·인구학적 위기에 직면했다. 이를 예측하고 대응하지 못한 것이 일본의 경제 침체에 큰 영향을 미쳤다.

일본과 비교해도 한국의 사회·인구학적 변화의 속도나 영향은 두드러진다. 출산율은 이미 일본보다 더 낮아졌고, 고령화의 속도도 더 빠르다. 두뇌 유출의 정도도 더 심해 사회·인구학적 변화가 사회·경제에 미치는 영향은 더욱 클 것이다. 통계청이 발표한 '2021년 출생 통계' 확정치에서 출생아 수는 26만 600명으로 집계되어 1년 전보다 4.3퍼센트(1만 1,800명) 감소했다. 2000년 이전까지만 해도 60만 명 수준이었으나 약 20년 만에 절반 이하로 급감했다. 여성 1명이 가임 기간(15~49세)에 낳을 것으로 예상되는 평균 출생아 수인 '합계출산율'로 환산해보면 0.81명으로, 1년 전인 2020년(0.84명)보다 0.03명(-3.6퍼센트) 줄었다(2022년에는 0.78명으로 사상 최저치를 기록했다). 여성 1명이 평생 신생아 1명도 출산하지 않게 된 것이다.

OECD 기준에 따르면, 합계출산율이 1.3명 이하일 때는 '초超저출산'으로 분류된다. 한국은 2002년부터 20년째 초저출산 국가다. OECD 38개 회원국과 비교할 때 한국은 지난 2017년부터 출산율이 가장 낮은 나라가 되었다. 더구나 한국은 이미 대학 입학연령 인구가 감소하고 있어 머지않아 한국 경제에 필요한 인재풀의 축소 역시 불가피할 것이다.

고령화도 급속하게 진행되고 있다. 한국은 2025년 65세 이상 노인 인구가 20.6퍼센트를 넘어 '초고령 사회'가 되고, 2050년에는 40퍼센트에 달할 것으로 예측된다. 대표적인 고령화 국가인 일본보다도 훨씬 빠른 속도다. 미국 통계국의 「늙어가는 세계 2015The Aging World 2015」에 따르면, 2050년 한국은 일본에 이어 2위를 차지할 것으로 예상되고 있다. 이 보고서는 "한국은 그동안 가장 젊은 나라 중 하나였지만, 향후 50년 이내 가장 늙은 나라로 변화할 것"이라고 전망했다. 정부의 산아제한 정책이 한강의 기적을 이루는 데 일조했다면, 이제는 저출산과 고령화가 한국의 지속적인 발전의 발목을 잡고 있다.

저출산·고령화의 여파로 한국의 생산가능인구가 지속적으

로 감소할 것은 당연한 일이다. 전체 인구 대비 생산가능인구는 2017년 73.2퍼센트로 정점을 찍은 뒤 감소하기 시작해 2030년 66.0퍼센트, 2050년 51.1퍼센트로 급격하게 줄어들 전망이다. 노동인구 대비 비노동인구의 비율이 상승하면서 전자의 후자에 대한 부담은 가중될 수밖에 없다.

한국 정부도 그 나름으로 저출산·고령화 문제를 심각하게 받아들이고 대책 마련에 부심해왔다. 그 결과는 참담하다. 2006년부터 10년간 123조 원을 들여 다양한 출산장려 정책을 폈지만 합계출산율은 2008년과 2013년 각각 1.19명으로 아무 변동이 없으며, 2018년부터는 외려 1.0명 이하로 떨어졌다. 고령화 대책도 마찬가지다. 정부가 관련 예산을 늘리고 있지만 2020년 노인 빈곤율(가처분가구 소득을 기준으로 중위소득의 50퍼센트 이하에 속하는 비율)은 40.4퍼센트에 이르렀고, 인구 10만 명당 노인 자살률은 2017년 54.8명으로 OECD 평균의 3.2배로 세계 최고 수준이다.

두뇌 유출과
두뇌 유치

두뇌 유출도 심각하다. 특히 제4차 산업혁명의 핵심이라고 할 수 있는 이공계 고급 인력의 두뇌 유출이 심각한 문제다. 2016년, 생물학정보연구센터BRIC가 과학기술자 1,005명을 대상으로 한 이공계 두뇌 유출 조사에서도, "앞으로 1년

안에 취업해야 한다면 국내와 국외 중 어느 지역을 우선 선택하겠느냐"는 질문에 절반에 가까운 47퍼센트가 해외 취업을 택했다. 미국에서 STEM(과학, 기술, 공학, 수학) 전공으로 박사학위를 받은 한국 유학생들의 취업 선호도는 한국이 아닌 미국의 기업이다. 실제로 이들 중 절반은 졸업 후 미국에 남는다.

중국, 유럽 등에서는 첨단기술 분야의 한국인 인재를 스카우트하고 있다. 스웨덴 배터리 업체 노스볼트Northvolt는 LG화학 인력을 영입해 회사 설립 초기부터 배터리 연구팀에서 중추적인 역할을 맡기고 있다고 밝혔다. 중국의 헝다신에너지자동차恒大新能源汽車 역시 한국을 비롯한 글로벌 인재 채용에 나서고 있다. 미중 간의 갈등이 격화하면서 중국은 반도체 등 첨단기술 분야 인재를 겨냥해 국내 기업의 2~4배 수준의 연봉 등 파격적 조건으로 이들을 영입하고 있어 한국의 두뇌 유출뿐만 아니라 기술 유출에 대한 우려도 커지고 있다.

스위스 국제경영개발연구원IMD의 「세계 인재 보고서」를 보면, 2016년 한국은 글로벌 '두뇌 유출brain drain' 면에서는 조사 대상 63개국 중 41위에, '두뇌 유치brain gain' 면에서는 33위에 그쳤다. 2020년에 두뇌 유출은 64개국 중 43위로 더욱 뒤처졌다. 이 보고서의 자료를 기준으로 두뇌 유출과 두뇌 유치를 두 축으로 해서 조사 대상국을 4개 그룹으로 분류해보면 한국이 처한 상황이 얼마나 열악한지 더욱 명확해진다. 미국, 영국 등이 속한 그룹은 두뇌 유출은 적고 두뇌 유치는 많아 인재풀이 풍부하다. 반면 그 대척점에 있는 그룹은 두뇌 유출은 많은 반면 두뇌 유치는 적다. 한국은 일본·타이완 등과 함께 이 그룹에 속해 있는데, 이 그룹 안에서도 두뇌 유출과 두뇌 유치의 격차는 가장 큰 편이다. 제4차 산업혁명 시대의 인재풀 활용에서 한국이 위기에 처해 있다는 방증이다. 특히 2020년에 두뇌 유출 순위에서 27위인 일본보다도 한참 뒤처져 한국은 더욱 심각한 상황이다.

삼각 파도를 헤쳐가는 데 우수한 해외 인재의 유치와 활용은 더는 미룰 수 없는 시급한 과제다. 앞에서 언급한 대로 첨예화하는 글로벌 인재 유치 전쟁에 적극 참전해야 한다. 해외 인력 활용과 관련해 그간 한국은 주로 중국, 동남아시아 등에서 비숙련 노동자를 유치해왔다(2021년 약 85만 5,000명). 국내에 와 있는 해외 숙련 노동자의 비율은 비숙련 노동자의 10퍼센트에도 미치지 못하고 있다. 더 늦기 전에 우수한 해외 인재 유치로 시선을 돌려야 한다.

물론 해외 인재 유치는 정치적·사회적으로 매우 민감한 사안이다. 청년 실업률이 높은 현시점에서 해외 인재를 유치하자는 주장은 국민적 공감대를 얻기가 쉽지 않다. 유럽을 휩쓸고 있는 반이민 정서는 물론 미국에서조차 이민자들이 중산층 백인들의 일자리를 빼앗아간다는 불만이 팽배해 이를 정치적으로 활용한 도널드 트럼프를 백악관에 입성시키는 결과를 가져왔다. 하지만 해외 인재가 청년 실업을 가중시키고 일자리 경쟁을 심화할 것이라는 우려는 단면적 사고방식에 기인한다. 해외 인재 유치가 외려 새로운 일자리 창출에 기여해 청년 실업 해소에도 도움을 줄 뿐 아니라 문화적 다양성을 제고해 첨단산업에 필요한 창의적 사고를 가져올 수 있다.

다음 세대의 아이폰을 누가 만들 것인가?

21세기 기술혁신의 메카라고 불리는 실리콘밸리는 해외 인재 유치 전쟁에서 중요한 경험적 논거와 시사점을 제공한다. 이민 국가라는 특별한 역사와 특성의 영향도 있겠지만, 인종과 국적을 가리지 않고 다양한 인재를 끌어들인 미국 실리콘밸리의 포용적 문화는 세계 경제를 이끄는 핵심 원천이 되었다. 그런 다양한 인재들이 30년 전만 해도 포도넝쿨로 가득 찬 허허벌판이던 캘리포니아 북부의 변방 지역을 오늘날 기술혁신의 중심지로 일구었다. 해외 인재들은 인근에 있는 스탠퍼드대학, UC버클리 등으로 유학을 온 후 자리 잡은 경우도 있고, 처음부터 취업을 위해 온 경우도 있지만 서로 경쟁과 협력을 하면서 21세기 기술혁신을 이끌어가고 있다.

해외 인재로 짜인 다국적군이 없었다면 오늘의 실리콘밸리도 없었을 것이다. 인공지능, 자율주행 자동차, 가상·증강 현실, 사물인터넷 등 제4차 산업혁명을 주도하는 핵심 기술을 실리콘밸리에서 이끌고 있고, 거기에는 세계 최고 인재들이 모인 강력한 다국적군의 힘이 있다. 구글, 애플, 페이스북, 테슬라 등 실리콘밸리의 대표 기업들에서 인도계나 중국계 엔지니어와 기업인들이 핵심 역할을 하고 있는 것은 우연이 아니다. 순다르 피차이Sundar Pichai 구글 CEO, 사티아 나델라Satya Nadella 마이크로소프트 CEO, 라지브 수리Rajeev Suri 노키아 CEO 등은 모두 인도에서 대학을 마치고 미국으로 와서 성공한 기업인들이다. 엔비디아Nvidia의 CEO 젠슨 황Jensen Huang, 유튜브의 공동 창업자 스티븐 첸Steven Chen 등은 타이완계 엔지니어·사업가로서 실리콘밸리의 거두가 되었다. 마크 테시에-라빈Marc Tessier-Lavigne 스탠퍼드대학 총장은 프랑스에서 박사학위를 마친 뒤 박사후 과정으로 미국에 왔으며, 유학생 출신 인도계·중국계 교수도 많다.

2012년에 만들어진 '미국에 투자하라INVEST in America' 법안은 STEM 전공 유학생들이 졸업 후 창업을 하고 영주권을 받을 수 있도록 지원하고 있다. 이 법안을 주도한 애덤 시프Adam Schiff 민주당 의원과 찰스 배스Charles Bass 공화당 의원은 "해외에서 온 고급 인력 1인당 미국인 2명 이상의 일자리가 창출되었다"고 지적하면서 이들이 "다음 세대의 애플을 만들고 아이폰을 만들 것"이라고 강조했다. 이 법안이 만들어지기 전인 2008년 의회 청문회에서도 마이크로소프트 창업자 빌 게이츠Bill Gates는 "마이크로소프트에 H1-B 비자로 고용된 기술자 1명당 이들을 지원하는 일자리 4개가 창출되었다"고 역설하며 미국 정부가 해외 우수 인재 유치를 적극 지원할 것을 촉구했다.

2006~2012년에 미국에 세워진 기술·공학 관련 기업의 약 4분의 1이 이민자에 의해 설립되었다. 실리콘밸리에서는 그 비율이 50퍼센트에 육박한다. 테슬라의 일론 머스크Elon Musk, 구글의 세르게이 브린Sergey Brin, 인텔의 앤드루 그로브Andrew Grove, 선 마이크로시스템스의 비노드 코슬라Vinod Khosla 등이 대표적인 1세대 이민자 기업가들이다. 1세대 이민자에 의해 설립된 상위 벤처기업은 기업당 평균 약 150명의 일자리가 창출되었다는 연구 결과가 있다. 이외에도 해외 우수 인재 유치가 내국인의 일자리를 빼앗기보다는 새로운 일자리를 창출하는 고용 효과뿐만 아니라 기술혁신을 통한 경제발전을 가능하게 한다는 수많은 연구 사례가 있다. 구글, 애플, 페이스북의 CEO가 트럼프의 반이민 정책을 비판하며 강력하게 반발했던 것도 이러한 이유에서다.

글로벌 인재가
성장 동력이다

창조경제의 모델로 각광을 받는 이스라엘도 글로벌 인재를 끌어들여 오늘의 성공을 이루었다. 한국처럼 이스라엘은 자원이 빈약하고 국제정치에서 분쟁 지역에 속해 있지만, 글로벌 기업뿐만 아니라 우수한 해외 인재를 유치하는 데 성공해 오늘의 '스타트업 국가'를 만들 수 있었다. 이 우수한 해외 인재들은 이스라엘의 새로운 성장 동력을 만드는 데 중추 역할을 했다.

인종적 민족주의의 원조라고 할 수 있는 독일도 중요한 사례다. 2000년 이전만 해도 독일은 해외 인재들의 취업 이민을 극히 제한해왔다. 그러나 저출산, 고령화, 우수 과학기술 인재 부족 등에 대한 우려가 높아지자 해외 인재 유입 제도를 개정하고 2012년부터 외국인 전문 인력에 대한 취업·체류 허가 제도인 '블루카드Blue Card'를 도입했다. 이를 통해 비非유럽연합 국가 출신의 인재를 끌어모으며 실행 2년 만에 1만 7,000여 명의 외국인 전문 인력을 유치하는 성과를 거두었다. 영국이나 프랑스 등 반이민 정서가 득세하는 이웃 국가와 달리 독일의 해외 인재 유치는 앞으로도 가속화할 것이며, 이에 힘입어 독일은 유럽연합의 중심축으로 남을 것으로 전망된다.

저출산·고령화로 몸살을 앓는 일본도 최근 눈에 띄게 달라졌다. 과거에는 한국처럼 3D 업종에 비숙련 노동자를 수입하는 데 초점을 두었다면, 이제는 해외 인재 유치에 심혈을 기울이고 있다. '아베노믹스'의 중요한 축의 하나가 해외 인재 유치였다. 일본은 '유학생 30만 명 유치 계획'을 발표하며 적극적으로 유학생들을 유치하기 시작했다. 유학 전 정보 제공에서부터 입학, 졸업, 취업 지원까지 단계별 지원을 했다. 특히 대학과 대학원 졸업 후 일본 내 취업을 원하는 유학생들에게는 취업 상담과 지원, 비자제도 개선(취직 준비 기간을 1년으로 연장) 등을 통해 취업 기회를 제공하면서 해외 인재 유치 정책을 강화했다. 이를 반영하듯 2018년 12월 10~19일 사이에 732개 일본 기업을 대상으로 한 조사에서 대학교 졸업생 이상의 '외국인 인재' 고용 실적이 있는(또는 고용 예정이 있는) 기업은 68.2퍼센트에 달했다.

중국도 해외 인재 유치에 적극적이다. 중국 온라인 구인업체 자오핀닷컴Zhaopin.com의 하오젠郝建 수석컨설턴트는 "중국은 인공지능 등 분야에서 고급 인재가 절실하게 필요하지만, 중국의 교육 시스템으로는 그런 첨단기술 분야 인재를 육성하는 게 불가능하다"며 "바이두, 알리바바 등 중국 대표 인터넷 기업이 해외 인재 유치에 주력하는 이유"라고 설명했다.

중국 정부는 이 같은 사정을 감안해 최근 비자와 영주권 취득 조건 완화 정책으로 기업들의 해외 고급 인재 유치를 지원하고 있다. 2016년에는 중앙정부 차원에서 시행하던 해외 고급 인재 비자 우대 정책을 지방정부의 55개 인재 유치 정책에도 확대 적용하기로 했다. 중국 정부의 대표적인 인재 유치 프로그램인 '천인 프로그램千人計劃'에도 해외 인재 유치가 포함되어 있다. 또 중국판 실리콘밸리로 불리는 베이징의 중관춘中關村에서 창업하는 외국인에게 일정 조건을 충족하면 영주권을 주는 정책을 내놓았다.

혁신과 창조의
시대

이렇듯 우수한 해외 인재를 유치하고 활용하는 것은 전 지구적 흐름이다. 한국에도 더는 선택의 문제가 아니다. 저출산·고령화·두뇌 유출이라는 삼각 파도를 넘기 위한 생존의 문제다. 이에 대한 국민적 공감대를 형성하는 것이 시급하다. 해외 인재 유치에는 다양한 방안이 있겠지만 한 가지 예를 들어보자.

현 상황에서 비교적 큰 어려움 없이 실행할 수 있는 것 중 하나가 국내의 외국인 유학생들을 필요한 분야에 인적 자원으로 활용하는 것이다. 외국인 유학생 수가 10만 명을 넘어섰으나 여전히 이들을 중요한 인적 자원으로 양성하고 활용하기보다는 인구 감소로 줄어든 대학의 인원을 보충하는 데 그치고 있다. 유학생들의 실력이 국내 인재에 비해 부족해 활용하기가 쉽지 않다고도 한다. 하지만 선발에서부터 한국에 필요한 인적 자원 양성에 초점을 두면 졸업 후 이들을 적절히 활용할 수 있다. 그렇게 해서 유학생의 취업률이 높아지면 향후 우수한 유학생을 유치하는 데도 도움이 되니 일종의 선순환 구조를 만들 수 있다.

미국, 영국, 호주, 캐나다 등은 물론 유학생 30만 명 시대를 연 일본도 이러한 선순환 구조를 만들어가고 있다. 일본에서는 2019년 3만여 명이 졸업 후 취업했는데, 전체 유학생 중 4분의 1인 8만 명이 졸업했다고 보면 취업률은 40퍼센트에 근접한 셈이다. 이제는 취업률 50퍼센트를 목표로 향해 가고 있는데, 취업률의 증가는 우수한 유학생 유치에 중요한 역할을 하고 있다. 이처럼 한국도 '우수한 유학생 유치, 취업 가능성 증가, 더 우수한 유학생 유입'으로 인적 자원의 질과 양을 모두 향상하는 체계를 구축할 때다.

더구나 해외 인재는 부족한 인적 자원의 보충을 넘어 문화적 다양성을 제고해 창조적 사고와 생산성 향상에도 긍정적인 영향을 미칠 수 있다. 산업화 시대에는 목표를 향해 전력 질주하는 일사불란함을 위해 표준화된 노동력이나 단결이 중요했다. 지금과 같은 혁신과 창조의 시대에는 '창조적 파괴'가 훨씬 더 큰 잠재력을 지닌 가치다. 한국처럼 다양성이 부족한 사회에서 해외의 우수한 인재는 새로운 활력을 불어넣어 기술혁신에 기여할 수 있다. 오랫동안 인종적·문화적 동질성을 강조해온 한국 사회에서는 다양성 확보가 매우 절실하면서도 어려운 과제다. 때마침 해외에서 불고 있는 K-컬처에 대한 관심이 해외 인재 유치에 호재가 될 수 있다.

이런 맥락에서 윤석열 정부가 구상하는 이민청 설립은 시의적절하다. 다만 단순히 이민법을 개정하는 수준에 머물러서는 안 되며, 사회문화적 차원에서도 진지하게 고려해야 한다. 특히 한국 사회의 폐쇄적 순혈주의와 학연·지연·혈연 등에서 벗어나야 한다. 그래야 인재를 폭넓게 수용할 수 있는 개방적이고 유연한 문화와 다양한 인재가 어울려 혁신을 이룰 수 있는 환경이 만들어진다.

과거에는 '로마에 가면 로마법을 따라야' 했지만 21세기 글로벌 인재들은 '로마법을 고집하는 로마에는 가지 않는다'는 것을 명심해야 한다.

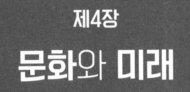

제4장

문화와 미래

K-컬처와
문화의 힘

K-팝이 대중의
마음을 사로잡았다

　　2022년 6월 미국의 대표 시사 프로그램인 CBS의 〈60분60 Minutes〉에서 연락이 왔다. K-컬처와 엔터테인먼트의 글로벌 현상과 영향력에 대해 심도 있는 스토리를 내보내고 싶다는 내용이었다. K-팝이나 K-드라마에 대한 뉴스가 새로운 것은 아니지만, 좀더 체계적이고 총체적으로 미국 메인스트림 방송을 통해 방영하고 싶다고 부연했다. 앞서 2022년 5월 스탠퍼드대학 한국학 프로그램에서 '북한과 K-팝'을 주제로 콘퍼런스를 한 것을 보았다며 K-팝, K-드라마, K-뷰티와 정부 관계자를 소개해주면 좋겠다고 했다.

한국학 프로그램 20주년 행사를 기획하면서 북한과 K-팝에 초점을 둔 데는 그 이유가 있었다. 한반도 관련 이슈 중 미국 학생과 일반 대중이 가장 큰 관심을 갖는 주제이기 때문이다. 20주년을 축하하는 행사인 만큼 의례적인 학술회의보다는 세간의 관심이 큰 주제로 학자, 학생, 정책가, 아티스트가 모여 토론하자는 의도였다.

콘퍼런스는 기대 이상으로 엄청난 주목을 받았다. 온라인 등록을 시작할 때부터 참가하려는 학생과 시민들로 열기가 넘쳤다. 행사 당일에는 연구소뿐만 아니라 스탠퍼드대학 홍보팀에서도 트윗을 했다. 콘퍼런스에 참석한 엑소EXO의 멤버 수호를 보려는 학생들의 열의는 학술회의에서는 보기 어려운 장면을 연출했다(멤버 수호는 공연을 한 게 아니라 발표를 하고 패널들과 K-팝에 대해 토론했다). K-팝은 이미 미국 대중의 마음을 사로잡고 있다. CBS의 〈60분〉의 관심은 이와 같은 미국 내 분위기를 반영한 것이다.

내가 미국에 공부하러 온 지 40년이 되었다. 미국 대학에서 한국을 연구하고 가르친 지도 30년을 넘겼다. 스탠퍼드대학에 한국학 프로그램을 설립한 지도 20년이 되었다. 그간의 시간을 반추해보면 한국학 프로그램 20주년 행사에서 목도한 한국과 한국 문화에 대한 환호와 관심은 그야말로 격세지감이다. 40년 전의 한국은 빈곤에서는 벗어났지만 여전히 독재정권하에서 몸부림치던 개발도상국이었다. 30년 전에는 민주화의 첫걸음을 떼면서 한국을 외국에 알리겠다는 목적으로 한국국제교류재단Korea Foundation이 설립된 시기였다. 20년 전에는 북한의 대량살상무기 프로그램의 위협이 커지면서 북한에 대한 관심이 고조되던 때였다. 지금처럼 K-팝, K-드라마 등 한국 문화에 미디어와 학생, 일반인의 환호와 관심이 큰 적은 없었다.

K-팝, K-드라마가 대표하는 K-컬처의 소프트 파워는 지속될 수 있을까? 세계 10위권의 경제 선진국을 넘어 문화 선진국으로 자리매김할 수 있을까? 아니면 K-컬처에 대한 관심은 일시적인 팬덤 현상으로 그치고 말 것인가? 북한의 위협으로 인해 발생한 소위 '코리아 디스카운트'가 소프트 파워로 인해 '코리아 프리미엄'으로 바뀔 수 있을까?

아시아의
다음 거인

역사적으로 볼 때 미국에서 한국에 대한 이미지를 형성하는 데 가장 큰 영향을 미친 사건은 미군이 참전했던 6·25전쟁이다. 내가 유학을 왔던 1980년대에도 미국의 TV 채널에서는 6·25전쟁을 배경으로 한 〈매시M.A.S.H〉가 방영 중이었다. 경기도 의정부에 있는 육군 이동 외과병원에 있는 군의관과 간호장교 간의 일상적 에피소드를 중심으로 한 일종의 풍자 코미

디다. 1972년부터 1983년까지 방영되었는데, 미국에서는 지금
도 사상 최고의 드라마 중 하나로 꼽힌다. 〈매시〉에 나타난 한국에
대한 묘사는 미국에서 한국의 이미지를 부정적으로 정형화하는
데 적잖은 영향을 끼쳤다. 한국은 미국의 원조를 받는 가난한 나라
이자 6·25전쟁으로 피폐해진 모습으로 미국 대중의 머릿속에 각
인되었던 것이다.

　개발독재하에서 이루어진 경제성장도 한국에 대한 인식을
형성하는 데 크게 영향을 주었다. '한강의 기적'이라는 말이 등장
했고, 한국산 의류·신발 등 공산품에 이어 현대자동차의 포니, 삼
성전자의 흑백TV 등이 미국 시장에 상륙했다. 학계에서도 경제
학, 사회학, 정치학, 인류학 등 여러 분야에서 한국에 대한 연구가
이루어졌다. MIT 교수였던 앨리스 암스덴Alice Amsden은 『아시아
의 다음 거인Asia's Next Giant』에서 한국이 일본의 뒤를 이어 아시
아의 경제대국이 될 것이라고 예고했다.

　하지만 미국 내 대체적 견해는 한국이 일본을 뛰어넘는 아시
아 경제의 리더가 되기보다는, 선두인 일본의 모델을 따라 발전하
는 소위 '기러기 편대'의 일부에 불과하다는 것이었다. 『일등국가
일본Japan as Number One』이라는 책으로 학계의 스타가 된 하버드
대학의 에즈라 보걸Ezra Vogel 교수는 한국을 타이완, 홍콩, 싱가포
르와 함께 '4마리의 작은 용Four Little Dragons'이라고 명명했다. 역
사학자인 카터 에커트Carter Eckert 교수는 한국 자본주의의 '식민

지적 기원'을 주장하는 연구서를 냈다.

1980년 5·18 광주민주화운동 과정에서 일어난 시민 학살에 대해 미국의 책임론이 불거지면서 한국 정치와 사회운동, 민족주의에 대해 미국에서도 관심이 생기기 시작했다. 특히 1980년대 민주화 운동과 함께 발생한 반미反美 운동은 미국 지식인 사회뿐만 아니라 일반인 사이에서도 관심을 불러일으켰다. 나도 한국의 반미주의를 설명하는 논문을 여럿 발표했다.

미국 내 진보적 지식인들은 동맹국인 한국에서 발생한 반미운동을 미국의 제국주의적 정책의 귀결로 이해했다. 특히 시카고 대학의 브루스 커밍스Bruce Cumings 교수가 쓴 『한국전쟁의 기원』은 국내 진보적 학자들이 반미적 시각을 갖게 된 데에도 적지 않은 영향을 미쳤다. 다른 한편에서 6·25전쟁 참전 용사들은 한국을 지키기 위해 피를 흘린 미국에 대해 한국인들이 '양키 고 홈Yankee Go Home'을 외치는 데 대해 혼란스러워했다.

한국은 1990년대 말 IMF 외환위기를 겪었지만, 미국 등 국제사회에서 제2차 세계대전 이후 산업화와 민주화를 성공적으로 이룬 대표적 국가로 인정받았다. OECD, G20의 구성원이 되었고 공적 원조를 받는 나라에서 주는 나라로 변신했다. 포니는 제네시스로, 삼성전자의 흑백TV는 세계 최고의 TV 브랜드로 성장했다. 삼성전자는 글로벌 반도체 시장을 석권하고 있다.

정치적으로도 한국은 1970년대 이후 진행된 '제3의 민주화 물결' 속에서 민주화를 이룬 대표적 국가로 꼽혔다. 1945년 광복 이후 비교적 단기간에 경제적·정치적 발전을 함께 이룬 사례는 전 세계적으로도 극히 드물다. 그만큼 엄청난 일이다. 이러한 변화에 걸맞게 미국 대중에게 비치는 한국과 한국인의 모습도 점차 긍정적으로 변해갔다.

코리아
디스카운트

이러한 변화에도 정작 미국 언론의 헤드라인을 장식하는 뉴스는 북한과 관련된 것으로 한반도에 대한 부정적 인식을 강화했다. 내가 1992~2003년 사이 『뉴욕타임스』, 『워싱턴포스트』, 『월스트리트저널』에 실린 약 5,000건의 한반도 관련 기사를 분석한 바에 따르면, 한국 관련 기사는 주로 경제(41퍼센트)에 초점을 맞춘 반면 북한 관련 기사는 안보(65퍼센트)에 집중되었고, 인권 문제(9퍼센트)가 그 뒤를 이었다. 남북한을 합한 전체 기사를 기준으로 봐도 북한의 대량살상무기가 30퍼센트로 단연코 가장 많이 다룬 주제였고, 당연히 매우 부정적으로 보도되었다. 미국 언론의 보도량과 시각은 북한은 물론 한반도 전체에 대해 매우 부정적인 이미지를 만들었다.

1993년 이른바 첫 번째 북핵 위기가 발생한 후 미국 내에서 북한의 대량살상무기, 특히 핵무기와 대륙간탄도미사일 개발 프

198

제4장 – 문화와 미래

로그램에 따른 안보 위협에 관해 우려가 고조되었다. 이전까지 북한은 그저 '허밋 킹덤Hermit Kingdom(은둔의 왕국)'의 가난한 독재국가로 별다른 관심의 대상이 아니었지만, 이제 한반도는 물론 미국에 대한 안보 위협으로 여겨졌다. 이에 워싱턴뿐만 아니라 미디어와 일반 대중도 큰 관심을 갖게 되었다. 실제로 한반도 관련 강연이나 세미나에서도 늘 북한 문제는 한국 문제보다 큰 주목을 받았다. 도널드 트럼프 행정부 시기 북미정상회담이 이루어지면서 북한에 관한 미국 내 관심은 최고조에 이르렀다.

북핵 못지않게 미국의 젊은이들 사이에서 관심이 큰 분야는 북한 인권 문제였다. 미국의 수많은 대학이 '북한 인권의 밤'을 열어 탈북자나 북한 전문가를 초청해 정기적으로 강연회와 세미나를 조직했다. 북한 인권 문제 역시 미국 내에서 한반도에 대한 부정적 인식을 강화하는 데 영향을 미쳤다. 조 바이든 행정부 들어 북한에 대한 관심은 현저히 줄었지만, 북핵과 인권은 여전히 대중의 중요한 관심사로 남아 있다.

북한에 대한 관심이 꼭 좋다고는 할 수 없다. 북한의 군사적 위협으로 인해 소위 '코리아 리스크' 또는 '코리아 디스카운트'가 생겼다. 해외자본이 한국에 투자할 때 경제적 측면뿐만 아니라 한국이 처한 지정학적 상황을 고려해야 한다는 점을 강조할 때 쓰이는 말이다. 북한이 지속적으로 핵실험과 미사일 발사를 감행하고 국내외적으로 긴장과 갈등이 고조되면 '코리아 리스크'와 '코리

K-컬처와 문화의 힘

아 디스카운트'는 커질 수밖에 없다. 한국으로서는 억울한 현실인 셈이다.

K-컬처에는
장벽이 없다

그런데 최근 들어 '코리아 디스카운트'를 상쇄하고도 남을 만한 현상이 나타났다. 미국 대중의 마음을 사로잡아가는 K-컬처의 등장이다. K-팝이나 K-드라마는 이제 젊은 여성이나 아시아계 등 특정 그룹의 전유물이 아니다. 캠퍼스는 물론 식당이나 숍, 거리에서도 자연스러운 일상적 대화의 주제가 되었다. 물론 K-팝이나 K-드라마가 등장하기 이전에도 스포츠에서 한국이 주목을 받았다. 박찬호·김병현·류현진으로 이어진 야구, 박세리·박인비·고진영으로 이어진 골프는 한국에 대한 미국인의 관심을 경제·안보에서 스포츠로 다양화하는 데 기여했다. 하지만 프로야구에서 한국인 선수는 소수에 불과해 메이저리그 전체에 미치는 영향은 미미하다. 반대로 골프는 뛰어난 한국 선수가 너무 많아 LPGA가 KLPGA로 되어간다며, 시청률이나 광고 수입면에서는 외려 리그에 손해가 된다는 볼멘소리까지 나온다.

이에 비해 K-팝이나 K-드라마는 훨씬 더 광범위하게 미국 대중의 마음속에 파고들었다. 아직 백인 남성 등 이른바 미국 '주류사회'에 어필하는 데는 한계가 있지만, K-컬처가 단순히 일본이나 중국 문화의 아류로 인식되지는 않는다. 광풍과도 같았던 싸이의 〈강남 스타일〉에 이어 BTS의 노래가 빌보드 차트를 휩쓸었고, 영화 〈기생충〉의 봉준호와 〈미나리〉의 윤여정이 오스카상 시상식에서 감독상과 여우조연상을 받았다. 넷플릭스에서는 수많은 한국의 콘텐츠가 방영되고 있다. BTS의 〈다이너마이트Dynamite〉나 드라마 〈크래시 랜딩 온 유Crash Landing on You(사랑의 불시착)〉는 이제 많은 미국인의 일상 속에서 대화의 소재가 되었다.

이에 매료되어 한국어 학습 열풍도 불고 있다. 미국 대학의 캠퍼스에서는 K-팝 동아리가 생기고(스탠퍼드대학에도 30여 명의 학생으로 구성된 XTRM이라는 K-팝 동아리가 있다), 대부분의 외국어 수강생 숫자가 줄어드는 상황에서 한국어 수강생은 늘고 있다. 『미국 현대 언어 연구소US Modern Language Institute』에 따르면, 2006~2016년에 미국 대학에서 한국어를 듣는 수강생은 95퍼센트 증가했다. 이는 1,000명 이상의 학생이 배우는 외국어 중 가장 돋보이는 증가세다.

K-컬처의 미국 상륙은 상대적으로 늦은 편이다. 1990년대 말 중국, 일본, 동남아시아에서 시작된 한류는 유럽과 남미 등 전 지구적으로 이미 그 영향력을 키워가고 있었다. 오스카상 수상 이전에도 칸 영화제에서는 여러 편의 한국 영화가 수상을 했다. 2022년에도 박찬욱의 감독상, 송강호의 남우주연상 수상 등 한국 영화가 맹위를 떨쳤다. 한류의 불모지였던 인도에서도 K-팝과 K-드라마의 인기가 치솟고 한국어를 배우려는 인도인이 급증하고 있다. 이

러한 전 지구적 흐름 속에 문화제국주의의 리더로 일컬어지는 미국에서도 K-팝과 K-드라마가 위세를 떨치는 것을 보면 K-컬처가 글로벌 현상이 되고 있다는 말은 결코 과장이 아니다.

나도 K-컬처의 인기를 의미 있는 현상으로 보고 2년 전부터는 한국학 프로그램에서 주요 주제로 다루기 시작했다. 또 코로나19 팬데믹 기간에 넷플릭스 등을 통해 K-드라마와 영화를 접하면서 그 나름 상당한 저력이 있다는 것을 피부로 느꼈다. 박세리뿐만 아니라 그 후배 격인 한국 여성 골퍼들은 꾸준히 LPGA를 제패했다. K-컬처 역시 일시적 현상이 아니라 계속 진화하면서 한국의 소프트 파워를 견인할 가능성이 보여 흥분을 감출 수 없다.

시대정신을
반영하다

나는 문화 전공자가 아니다. K-팝이나 K-드라마에 대한 전문성은 더욱 없다. 또한 K-팝과 K-드라마의 성공담이 꼭 일치하는 것도 아니다. 재미在美 사회학자의 위치에서 K-팝과 K-드라마, 영화의 성공을 바라보는 소회는 다음과 같다.

우선 K-컬처가 성공한 이유는 한국의 특수성을 넘어 시대정신과 보편적 이슈를 감성적으로 흥미 있게 잘 엮어낸 덕분이다. 초기 한류가 일본·중국 등 아시아적 정서에 부합했다면, K-컬처는 더 보편적인 정서에 어울린다고 할 수 있다. 2008년 금융위기 이후 불평등, 이민과 난민, 과도한 경쟁주의 등이 전 지구적으로 우리 삶을 흔들고 있는 가운데 K-컬처는 음악이나 스크린을 통해 이러한 이슈를 섬세하게 다루었다. 〈기생충〉은 사회의 불평등을 현실감 있게 보여주었다. 〈오징어 게임〉은 자본주의 현실을 목숨 건 경쟁 구도로 치환함으로써 단순하면서도 강렬한 서사를 만들었다. BTS는 '빌보드 200' 1위에 오른 3집 앨범《Love Yourself: Tear》의 〈낙원〉이라는 곡에서 "꿈이 없어도 괜찮아"라고 노래하며 무한경쟁시대 '아무나nobody'로 살기를 원하는 2030세대를 대변했다.

대중문화는 시대적 고민과 문제를 응시하고 이를 흥미롭게 재구성해 즐거움과 공감, 성찰을 적절히 제공해야 파괴력이 있다. 당대와 마주하는 삶, 정신, 가치를 구현하고 그 시대를 살아가는 이들의 정서, 감성, 생각을 대변하는 것이어야 한다. 비틀스, 핑크 플로이드, 퀸, 콜드플레이 등 영국 밴드들이 한때 세계 대중음악을 석권했던 까닭은 이들이 당대의 문제와 감성을 대변한 데 있다. 1950~1970년대에 세계 영화계를 이끌었던 프랑스 영화도 마찬가지다. 프랑스 영화는 서구 사회의 변화된 개인, 가족, 사회에 대한 성찰이 두드러졌다. 이제는 한국의 영화, 드라마, 음악이 영국의 밴드와 프랑스의 영화처럼 21세기 시대정신을 반영하면서 글로벌한 영향력을 넓혀가고 있다고 감히 말할 수 있지 않을까?

K-컬처가 성공한 두 번째 이유로 글로벌 플랫폼을 적극 활

용한 점을 꼽을 수 있다. K-드라마와 영화가 넷플릭스와 애플 TV 같은 플랫폼을 기반으로 글로벌 시장에 빠르게 진입할 수 있던 것은 엄청난 행운이다. 〈오징어 게임〉이나 〈사랑의 불시착〉 같은 K-드라마가 넷플릭스라는 플랫폼 없이 이처럼 단기간에 글로벌 시장에서 흥행하기는 어려웠을 것이다. 대중음악에서는 음반이 사라지고 음원 시장이 선도하는 플랫폼 시대가 열리면서 IT 강국 한국이 강세를 보일 수 있는 환경이 조성되었다. 특히 빌보드라는 글로벌 플랫폼을 통해 K-팝을 세계 음악시장 정상에 올려놓을 수 있었다. K-팝 그룹은 브이 라이브V Live나 인스타그램 라이브 Instagram Live 등 SNS를 통해 팬들과 소통하면서 팬덤을 형성하고 있다. K-팝은 한걸음 더 나아가 인공지능 시대에 맞춰 메타버스로 영역을 넓히고 있다.

세 번째로 한국이 서구 민주주의나 권위주의 사회와는 다른 독특한 문화와 시스템으로 틈새시장을 파고들었다는 점이다. K-팝, 특히 아이돌 그룹의 성공은 현란한 집단 퍼포먼스와 감성적인 음악 간 절묘한 결합의 산물이다. 이들은 어려서부터 경험한 혹독한 훈련과 엄청난 연습량을 통해 스포츠 못지않은 완벽한 집단 퍼포먼스를 구사한다. 이를 음악과 결합한 점이 글로벌 팬을 열광하게 했다. 이러한 집단 퍼포먼스는 서구 사회에서는 상상하기 어렵고, 중국·북한 등 권위주의 사회에서는 가능할지 모르지만 이를 음악이나 예술로 승화시키기는 어렵다.

K-팝의 선구자라고 할 수 있는 이수만 SM 총괄 프로듀서는 스탠퍼드대학 한국학 프로그램 20주년 행사에서 이를 '문화를 프로듀싱하는 컬처 테크놀로지Culture Technology'로 개념화한 바 있다. 그에 따르면 SM은 '캐스팅-트레이닝-콘텐츠 프로듀싱-마케팅'이라는 매니지먼트 시스템을 체계화한 프로듀싱 시스템과 문화기술 시스템을 개발했다고 한다. 다른 기획사도 대동소이하다. 한국만의 독특한 스타일을 구현한 것으로 평가할 수 있다.

소프트 파워로
자리 잡기 위해

그럼에도 K-팝이나 K-드라마가 지속 가능할지에 대한 의문은 여전히 가시지 않는다. 최근 잠정적으로 활동을 중단한 BTS는 그간의 문제점을 잘 보여준다. 아티스트의 사생활이나 정신 건강을 무시한 혹독한 집단 훈련, 병역 문제, 엄청난 수익 배분을 둘러싼 논란 등 K-팝 산업계가 개선해야 할 문제는 한두 가지가 아니다. 『닛케이 아시아Nikkei Asia』는 BTS의 활동 중단 소식을 전하며 이들이 번아웃을 호소하게 된 배경에는 K-팝 산업 특유의 문화가 있다고 꼬집었다.

멤버들은 "계속 뭔가를 찍어야 한다. 그러면 인간적으로 성숙할 시간이 없다"고 토로했다. K-팝의 성공 동력인 문화기술 시스템이 과연 지속 가능한 모델인지에 대해서는 논란이 있을 수밖에 없다. SM을 둘러싼 분쟁에서도 볼 수 있듯이 창업자 개인에 대한 과도한 의존을 넘어서는 투명하고 합리적인 기업 거버넌스 확립도 중요하다. 또 K-드라마를 글로벌화하는 데 결정적 역할을 한 CJ의 이미경이나 K-팝의 선구자인 이수만·양현석·박진영·방시혁 등을 이을 차세대 리더를 육성하는 일도 시급하다.

K-컬처가 소프트 파워로 자리 잡기 위해서는 정부의 불필요한 간섭을 배제해야 한다. 정부는 K-컬처 스타들을 정부 행사나 해외 공공외교에 활용할 유혹에 빠진다. 문재인 정부에서 아이돌 그룹 레드벨벳을 평양에서 공연하도록 한 것이나, 윤석열 대통령 취임식을 앞두고 BTS의 공연 여부로 논란을 빚은 게 대표적 사례다. 글로벌 팬들은 레드벨벳이 독재자와 함께하는 데 대해 불편함을 감추지 못했다. '반페미니즘'의 이미지를 가진 윤석열의 취임식에 BTS가 공연할 가능성을 두고 팬클럽 아미ARMY의 불만도 컸다. 정부는 정치적 논란을 피하고 K-컬처가 글로벌 무대에서 소프트 파워로 자리매김할 수 있도록 조용히 뒷받침해야 한다. 중국 정부가 공자학원을 통해 해외에서 소프트 파워를 키우려다 외려 반중 정서만 키운 점을 반면교사로 삼아야 한다. 문재인 정부에서 섣부른 K-방역 홍보로 국제사회의 웃음거리가 되었던 전철을 밟아서도 안 된다.

동시에 K-컬처 스타들은 글로벌 이슈에 대해 더 적극적으로 목소리를 낼 필요가 있다. 그들의 영향력이 커진 만큼 책임 의식을 갖는 것이다. K-팝에 매료된 학생들과 수업에서 토론해보면 "K-팝이 누리는 위상을 고려할 때 K-팝 가수들이 인종차별에 대해 말하지 않는 것이 의아하다", "미얀마 같은 아시아 국가에서 시위 군중이 민주화를 외치며 K-팝을 부르는 것을 한국 가수들은 알고 있는가?", "K-팝이 과연 지속 가능할까?" 등 다양한 질문이 쏟아진다.

이들은 지극히 미국적 코드로 K-팝을 읽고 있다고 할 수 있을지 모르지만, 이는 K-팝의 미래를 위해서도 반드시 대답해야 할 질문이라고 할 수 있다. 기후변화와 같은 글로벌 어젠다에서부터 북한 인권과 같은 보편적이면서도 한국적인 이슈에 대해 목소리를 내야 한다. 이런 맥락에서 BTS가 백악관을 방문해 미국 내 아시안 인종차별주의에 대해 목소리를 낸 것이나 2022년 에스파aespa가 유엔 지속가능발전 고위급 정치 포럼High Level Political Forum for Sustainable Development에 참석한 것은 매우 시의적절했다. 다만 정치적으로 이용될 우려는 차단할 필요가 있다.

마지막으로 K-팝이나 K-드라마가 학계 등 전문가 그룹과 소통할 필요가 있다. K-컬처가 더 깊게 뿌리내리고 지속 가능한 소프트 파워로 발전하려면 팬 미팅을 넘어 전문가와 아티스트와 산업 종사자들이 머리를 맞대고 당면한 문제와 미래의 방향에 대해 심도 있게 논의하고 토론할 필요가 있다. 스탠퍼드대학 한국학 프로그램 20주년 행사에서 CJ ENM 아메리카 CEO가 패널로 참석하고 엑소의 수호가 교수나 학생들과 토론한 것은 작은 첫걸음이었지만 매우 유익했다. 2023년 4월에는 스탠퍼드대학에서 〈사랑의 불시착〉, 〈별에서 온 그대〉 등으로 유명한 박지은 작가와 배우 이병헌이 참석해 자신들의 경험을 공유하고 전문가들과 '한류의 미래'에 대해 토론했다.

학계에서도 대중의 관심사를 어떻게 학문적으로 정리하고 논의할지는 중요한 문제다. K-컬처로 논문을 쓰겠다는 학생들에 대해 자료 공유나 재정 지원도 적극 고려해야 한다. K-컬처 교수직이나 '포스닥post doctor(박사후 연구원)'도 고려할 수 있다. 해외 지원의 경우 한국국제교류재단이나 한국학중앙연구원 등이 중요한 역할을 할 수 있을 것이다.

한국은 군사적·경제적으로 강국이지만 동북아시아의 지정학적 위치상 중국이나 일본을 앞서기가 쉽지 않다. 일본을 대체한 아시아 경제의 리더는 중국이고, 한국은 오히려 '코리아 디스카운트'로 손해를 보고 있다. 한국 경제가 패스트 폴로어 모델로 성공했지만 퍼스트 무버가 되는 데는 한계에 부딪히고 있다. 삼성의 스마트폰인 갤럭시S가 애플의 아이폰의 벽을 넘지 못하는 이유다.

이에 비해 그 나름 고유의 특징과 시스템을 갖고 진화하는 K-팝이나 K-드라마는 글로벌 문화계의 퍼스트 무버가 될지도 모른다. K-컬처의 힘을 바탕으로 글로벌 무대에서 한국의 소프트 파워도 급증하고 있다. 국가의 이미지 제고와 브랜딩에는 문화의 힘이 최고다. 스웨덴 하면 '복지국가'와 함께 '아바ABBA'가 떠오르고 네덜란드 하면 '운하의 나라'와 함께 '렘브란트와 고흐'가 생각난다. 마침내 K-컬처로 인해 '코리아 디스카운트'가 '코리아 프리미엄'으로 변할 절호의 기회가 찾아온 것이다.

"오직 한없이 가지고 싶은 것은 높은 문화의 힘이다. 문화의 힘은 우리 자신을 행복하게 하고 나아가서 남에게 행복을 주기 때문이다." 김구 선생이 『백범일지』에 남긴 말이다. 한국이 K-컬처를 바탕으로 머지않아 김구 선생이 소망한 문화 선진국으로 자리매김할 날을 기대해본다.

K-컬처와 문화의 힘

미래는
인도에 있다

인도 디아스포라의
성공 비결

레키 칸월Rekhi Kanwal은 인도계로는 처음으로 미국에서 창업부터 상장까지 성공해 실리콘밸리 인도 디아스포라 커뮤니티의 선구자로 알려진 인물이다. 그는 인도공과대학IIT을 졸업하고 미국에서 대학원을 마친 후 1982년 새너제이로 이주해 엑셀렌Excelan이라는 회사를 공동 창업했고, 이 회사는 1987년 나스닥에 상장했다.

그는 기업인으로 성공한 후에는 인도 디아스포라 커뮤니티와 본국을 위해 많은 활동을 했다. 1992년에는 TiEThe Indus Entrepreneurs

라는 디아스포라 단체를 공동으로 설립해 창업하려는 인도계 기업인들을 지원했다. 나와 인터뷰하면서 "그 당시 창업을 하고 싶어 하는 인도계 젊은이가 많았지만, 노하우나 네트워크가 부족해 이들을 돕기 위해 설립했다"고 말했다. 또 인도에 있는 모교에 기부금을 쾌척했고, 인도 정부에 정책 자문도 제공했다.

칸월의 스토리는 더는 낯설지 않다. 그가 실리콘밸리에서 성공한 인도계 첫 세대라면 지금은 구글의 순다르 피차이 등 성공한 인도계 기업인이 즐비하다. 이들은 인도공과대학을 나와 미국에서 공부한 후 귀국하지 않고 남아서 창업에 성공했거나 대기업의 대표가 되었으며, 본국과 활발히 교류하고 있다. IT 메카인 실리콘밸리 성공의 밑거름이 되었을 뿐만 아니라 인도가 경제대국으로 떠오르는 데 기여하고 있는 것이다. 인도는 GDP 규모로는 식민지 종주국이던 영국을 제치고 세계 5위가 되었다.

인도 디아스포라의 존재감은 경제에 국한하지 않는다. 인도 의과대학IIMS 출신의 의사도 수두룩하고, 아이비리그를 비롯해 스탠퍼드대학이나 UC버클리 등 명문대에도 출중한 학자가 많다. 최근 스탠퍼드대학에서 새로 설립한 '지속 가능 대학'의 초대 학장도 인도계인 아룬 마줌다르Arun Majumdar다. 그 역시 인도공과대학을 나온 후 UC버클리에서 박사학위를 취득했고 이후 공직과 기업에서 경험을 쌓았다. 실리콘밸리에서 갖는 전반적인 존재감이나 영향력 면에서는 이제 인도계가 중국계를 앞서고 있다고 해도 과언이 아니다.

더구나 인도는 미국 외교·안보의 열쇳말인 인도·태평양 전략의 핵심이다. 냉전시대에는 비동맹의 기수였지만 지금은 자유진영과 적극 연대하고 있다. 중국과 달리 인도는 아직 미국, 호주, 캐나다 등 서구 국가와 갈등이 거의 없고 언어 소통에서도 이점이 있다. 미국 부통령인 카멀라 해리스Kamala Harris, 영국 총리인 리시 수낵Rishi Sunak, 세계은행 총재인 아제이 방가Ajay Banga 등이 인도계라는 점도 눈여겨봐야 한다. 인구 면에서 최대 민주주의 국가라고 자부하는 인도는 앞으로 국제사회에서 중요성과 영향력을 더욱 키워갈 것으로 보인다.

반면 한국에서는 여전히 인도에 대한 부정적인 인식이 강하다. 한국인은 인도에서 마하트마 간디Mahatma Gandhi나 타지마할 등 긍정적 이미지도 떠올리지만, 대체로는 힌두교·카스트제도 등 종교와 오래된 관습을 연상하고 이에 더해 무질서하고 가난한 국가라는 인상을 갖는다. 물론 역사, 종교, 문화 등 인도와 적잖은 간극이 존재하는 것은 사실이지만 편견을 버리고 인도에 대해 올바로 인식하고 협력을 강화할 때가 되었다.

인도는 윤석열 정부가 추구하는 자유민주주의 연대와 인도·태평양 중심의 대외정책에 더해 경제적으로도 중요한 협력 파트너가 될 수 있다. 특히 우리가 주목해야 할 것은 미국을 기점으로 한 인도 디아스포라의 글로벌한 부상이다. 이들은 글로벌 인재 시장의 '파이프라인'이고 큰손이 되고 있다. 국가가 주도한 동아시아의 발전 모델과 달리 인도는 서구와 비슷한 시장 중심의 경제체제를 갖고 있다. 그러면서도 디아스포라의 역할이 매우 중요한 독특한 발전 모델을 구축했다. 인도 디아스포라의 성공 비결에서 교훈을 얻고 이들과의 국제적 네트워크도 강화해야 할 이유다.

인도의
'두뇌 연결'

1980년대 아시아·태평양 지역의 리더가 일본이었다면, 2000년대 이후에는 중국이 그 위상을 차지했다. 최근 들어 중국이 미국과 갈등하면서 자국의 문을 걸어 잠그고 있는 사이에 인도가 지역의 새로운 리더로 급부상하고 있다. 하지만 일본, 중국, 인도가 도약한 경로를 따라가 보면 중요한 차이점을 발견할 수 있다. 특히 디아스포라 커뮤니티가 이들 국가의 발전에 기여한 측면에서 더욱 그렇다.

우선 일본을 보자. 일본은 탄탄한 자국민 교육과 기업 훈련을 토대로 미국 등 서구의 원천기술을 활용해 점진적 이노베이션 incremental innovation에 성공했다. 소니가 한때 전자제품에서 세계를 제패한 동력은 새로운 원천기술의 개발에 있다기보다는 서구의 기술을 바탕으로 한 섬세하고 세련된 엔지니어링과 디자인에 있었다. 중국·인도와 달리 일본은 단기 해외 연수 프로그램을 요긴하게 활용했고, 이를 통해 선진 기술을 자국 경제에 접목하는 데 성공했다. 이러한 전략으로 '두뇌 유출' 없이 한때 미국을 위협할 정도로 경제력을 키웠지만 원천기술을 제공한 미국 등과 지식재산권 등을 둘러싼 분쟁을 겪기도 했다.

이 발전 과정에서 일본 디아스포라는 뚜렷한 역할이나 공헌이 없었다. 대부분이 거주국에 동화되거나 비숙련 노동자에 그쳤기 때문이다. 예를 들어 미국에 거주하는 일본 디아스포라는 태평양전쟁 시 강제 억류를 당하는 끔찍한 경험을 하면서 대부분 미국 사회에 동화되었고 본국과의 교류도 제한적이었다. 남미 등에 있는 일본 디아스포라는 한때 일본으로 귀환했으나 대부분이 비숙련 노동자였고, 일본에서 차별을 겪으면서 오히려 모국에 대한 매우 부정적인 인식과 경험을 안은 채 2008년 금융위기 이후 거주국으로 되돌아갔다.

중국은 일본과는 다른 길을 걸었다. 중국 디아스포라, 즉 화교華僑는 동남아시아 지역을 중심으로 오랜 역사를 갖고 있으며, 이들의 자본이 중국의 개혁과 개방에 도움을 준 것은 잘 알려진 사실이다. 1980년대 덩샤오핑의 중국은 '오픈도어opendoor' 정책을 펴면서 수많은 인재를 해외에 보냈고 적극적인 인재 유치 프로그램을 통해 이들을 본국으로 끌어들이는 '두뇌 순환brain circulation' 정책을 폈다. 세계적으로 중국 출신 유학생이 가장 많았고, 2000년대 이후 중국 경제가 성장하면서 약 80퍼센트의 해외 인재가 귀국했다. 중국에서는 이들을 하이구이海龜, 즉 '돌아온 거북이'라고 칭한다. 중국판 실리콘밸리라고 불리는 베이징의 중관춘에는 하이구이를 위한 프로그램과 시설이 즐비하고, 이들이 중국의 이노베이션을 이끄는 데 큰 역할을 했다. 경제 이외에도 과학기술, 고등교육 등 다방면에서 하이구이의 존재감은 뚜렷했다.

중국의 '두뇌 순환' 정책은 어느 정도 성공을 거두었지만, 이 과정에서 미국 등과 분쟁을 낳았다. 중국 인재들이 미국에서 공부하고 경험을 쌓은 후 중국에 돌아가서 노하우를 적극적으로 전수하며 중국의 부상을 이끌었지만, 중국의 인재 유치 정책이 첨단기술 유출의 주범으로 의심의 눈초리를 받았기 때문이다. 미국 국방부는 중국의 대표적 인재 유치 프로그램인 '천인 프로그램'을 "해외 기술을 얻기 위한 도구tool-kit"라고 비판했고, 미국 정보 당국도 "미국 기술, 지식재산권, 노하우를 합법적·비합법적으로 중국에 이전"하는 것을 목적으로 한다고 규정한 바 있다.

인도는 중국과 비슷하면서도 다른 길을 걸었다. 중국처럼 우수한 인재들이 해외로 나가는 '두뇌 유출'을 경험했다. 세계적으로 중국에 이어 두 번째로 많은 유학생을 해외로 보냈고 기술 이민자 숫자에서는 오히려 제일 많다. 하지만 중국 인재와 달리 인도 인재들은 해외에서 학위를 받거나 경험을 쌓은 후 귀국하기보다는 거주국에 정착하면서 대부분 커리어 관리에 성공했다.

1980년대에 대표적 인도공과대학의 졸업생 중 3분의 1 이상(37.5퍼센트)이 해외로 떠났고 그중 대부분(82퍼센트)이 해외에 남았다. 미국에서 대학이나 대학원을 졸업한 후 취직을 위해 받는 임시 비자인 'OPT Optional Practical Training'의 대상자 30퍼센트가 인도 학생들이다. 본국에서 우수한 공대·의대에서 교육받았고, 영어에 능숙해 언어 장벽이 낮았으며, 다양한 종교·인종·관습이 어우러진 환경에서 자란 것도 장점이라고 할 수 있다.

인도의 해외 인재들은 귀국하지는 않더라도 본국과 활발한 교류를 통해 소위 '두뇌 연결brain linkage'을 하고 있다. 인도의 젊은 인재를 해외의 대학이나 기업에서 데려오거나, 인도 내에서 창업하는 스타트업을 지원하고, 자신들이 재직하는 글로벌 기업과 인도의 값싸고 우수한 노동력을 연결하는 등 다방면에서 활약하고 있다.

미국의 기술 전문 비자라고 할 수 있는 H1-B 비자 대상자 중 3분의 2 정도가 인도인이다. 인도판 실리콘밸리로 불리는 벵갈루루Bengaluru에는 실리콘밸리에서 성공한 인도 디아스포라의 지원을 통해 유니콘Unicorn(기업가치가 10억 달러 이상인 비상장 스타트업)이 속속 탄생하고 있다. 벵갈루루에 투자된 금액이 2010년 5억 5,000만 달러에서 2017년 20억 달러로 급증했고(6,000개 스타트업에 투자), 2025년에는 300억 달러에 달할 것으로 예상된다. 더구나 중국과 달리 인도는 아직 미국 등과 기술 분쟁이나 해외 인재 유치와 관련해 갈등이 없다.

제4장 – 문화와 미래

인도의 문화적·민족적
연대 의식

2015년 인도의 나렌드라 모디 총리가 실리콘밸리를 방문했다. 수만 명의 인도 디아스포라가 운집한 가운데 행한 연설에서 모디는 "여러분을 인도의 두뇌 유출이라고 하는데, 나는 오히려 두뇌 예치brain deposit라고 한다"며 역설했다. 그리고 실리콘밸리의 대표적인 디아스포라인 구글의 순다르 피차이, 마이크로소프트의 사티아 나델라 등을 만났고, 인도 정부가 추진하는 '인디아 디지털 이니셔티브India Digital Initiative'에 대한 지원을 이끌어냈다. 모디 총리의 실리콘밸리 방문을 주도한 사람도 인도 디아스포라인 넥서스 벤처 파트너스의 나렌 굽타Naren Gupta였다. 인도 디아스포라의 힘, 특히 본국과의 '두뇌 연결'이 가진 중요성을 잘 보여준 장면이다.

실리콘밸리에서 인도 디아스포라의 존재감은 특히 두드러진다. 2006~2012년에 실리콘밸리에서 이민자들이 창업한 회사의 32퍼센트가 인도계다. 이는 중국, 영국, 캐나다, 독일, 이스라엘, 러시아, 한국계가 창업한 기업을 다 합친 숫자보다 많다. 미국을 대표하는 IT 기업들의 최고경영자 자리에도 인도계 출신이 대거 진출하고 있다. 인도계는 전체 미국인의 1퍼센트, 실리콘밸리 기술 인력의 6퍼센트에 불과하다. 하지만 이러한 비율로는 설명되지 않을 정도로 많은 창업자와 CEO를 배출하고 있다. 미국으로 온 인도인들은 고학력자로 약 70퍼센트 이상이 학사학위 이상 소유자다. 미국 전체 인구의 30퍼센트에 불과한 학사학위 비율에 비하면 월등히 높다. 높은 기술 수준과 전문성, 탄탄한 네트워크를 갖추었고 영어와 서구 문화에 익숙해 커뮤니케이션 능력이 뛰어난 점이 성공 비결로 꼽힌다.

더구나 인도인들은 거주국의 시민권을 획득하는 데도 적극적이다. 미국 시민권 획득률을 보면 인도인이 중국인의 2배가량 된다. 인도인들은 국적을 포기하는 것에 크게 개의치 않는다고 한다. 2015년 모디 총리의 연설이야말로 인도가 갖고 있는 디아스포라에 대한 인식을 잘 반영하고 있다. 국적이나 거주에 관계없이 '한 번 인도인은 영원한 인도인'이라는 인식이 매우 강하다. 인도 역사에서 손꼽히는 지도자인 간디와 자와할랄 네루Jawaharlal Nehru 또한 디아스포라 출신이다 보니 이러한 인식이 익숙하다. 더구나 밀어주고 당겨주는 특유의 끈끈한 문화는 인도계의 네트워킹을 더욱 공고하게 만든다. 이로 인해 인도계의 미국 내 입지 역시 나날이 높아지고 있다.

인도는 중국처럼 정부가 나서서 인재 유치 정책을 펴지 않는다. 하지만 해외에 거주하는 디아스포라가 본국에 와서 큰 어려움 없이 활동할 수 있도록 직·간접적으로 지원하고 이들을 존중하는 문화와 제도를 갖고 있다. 해외에서 183일 이상을 거주한 인도인에게는 비거주 인도인Non-resident Indians이라는 지위를 부여해 이들이 단기간 인도에 와서 생활할 때 법적·경제적으로 인도 거주자와 유사한 지위를 부여한다.

2003년에는 인도 디아스포라를 위한 기념일Pravasi Bharatiya Divas(1월 9일)을 제정했는데, 특히 이날은 간디가 1915년 남아프리카공화국에서 뭄바이로 귀국한 날이다. 기념일에는 각 분야에서 뛰어난 업적을 낸 디아스포라에게 상을 수여하는데 마이크로소프트의 사티아 나델라, 인도계로 첫 우주비행을 한 칼파나 차울라Kalpana Chawla 등이 수상자다. 이러한 법적·문화적 제도를 통해 비록 같은 나라나 지역에 거주하지는 않더라도 문화적·민족적 연대 의식을 강화하고 있는 것이다.

새로운
아르고호의 선원

이에 부응하듯 인도 디아스포라는 본국과 매우 활발하게 교류하고 있다. 인도 디아스포라가 본국으로 보내는 금액은 2020년에 831억 달러로 중국의 595억 달러를 넘어 전 세계 1위다. 미국뿐만 아니라 중동 국가에서 일하는 인도인들이 본국에 보내는 돈이다. 인도계 기업인들은 인도 내 스타트업이나 부동산 등에 대한 경제적 투자는 물론 정부에 대한 자문과 고등교육에 대한 지원, 더 나아가 코로나19 피해를 크게 본 모국을 돕기 위한 자선 모금 등 활발한 활동을 한다. 내가 미국 내에 설립된 97개의 대표적 인도 디아스포라 단체를 분석한 결과 42퍼센트가 본국과 긴밀하게 교류·연대하고 있는 것으로 나타났다. 중국 디아스포라 단체와 비교해봐도 본국과의 교류가 더 활발하다.

실리콘밸리에서 설립된 TiE가 대표적 경우다. 인도를 중심으로 한 남아시아 출신 기업인들 간의 네트워킹, 차세대 멘토링, 스타트업 인큐베이션과 투자 등을 목적으로 설립된 이 단체는 2020년 현재 14개국에 61개의 지부를 두고 1만 5,000명의 회원을 갖고 있다(미국 20개, 인도 23개 등). 지금까지 약 1만 개의 인도계 스타트업을 지원했고 이들 스타트업의 가치는 총 2,000억 달러에 달한다. 뭄바이, 벵갈루루, 첸나이 등에 지부가 있으며 실리콘밸리의 성공한 인도계 기업인들이 TiE를 통해 본국과 활발히 교류한다. 아직 인프라가 갖춰지지 못했을 때 젊은 인도인들에게 창업의 중요성을 역설하고 멘토링과 투자를 했으며 롤 모델 역할도 했다. 그 덕분에 실리콘밸리와 인도의 연결고리가 되었다.

1982년 설립된 인도계 의사들의 조직인 인도계의사협회 AAPI도 본국과 적극적인 '두뇌 연결'을 하고 있다. 이 단체는 8만 명의 의사, 4만 명의 학생, 레지던트, 펠로 등을 회원으로 두고 있다. 회원 간의 유대 강화뿐만 아니라 인도에 있는 의대와도 활발히 협력한다. 2007년부터는 인도에서 글로벌 헬스케어 서밋Global Healthcare Summit을 개최한다. 인도에 19개의 클리닉을 운영하고 자선 재단을 세워 구호품을 전달하기도 했다. 코로나19로 모국이 어려울 때 병원 물품을 지원하고 웨비나Webinar(온라인으로 행해지는 세미나) 등을 통해 인도가 코로나19 팬데믹 문제를 해결하는 과정에서 지원을 아끼지 않았다. 인도의 디아스포라 커뮤니티 내에서는 본국에 대한 이러한 지원이 단순한 자선 행위가 아닌 책임이라는 의식이 크다고 한다.

인도 디아스포라는 모교에 대한 지원이나 본국에 새로운 대학을 설립하는 데도 적극적이다. 1951년 처음 문을 연 인도공과대학 카라그푸르Kharagpur를 보자. 이곳 졸업생으로 미국에 건너와서 성공한 비노드 굽타Vinod Gupta는 1993년 모교에 비노드 굽타 경영대학원Vinod Gupta School of Management을 세웠다. 아르준 말호트라Arjun Malhotra는 G. S. 산얄 전기통신학교G. S. Sanyal School of Telecommunications와 M. N. 파루키 이노베이션 센터M. N. Faruqui Innovation Centre를 만들었다.

공립대학이 주를 이루는 인도에서 2014년 미국식 리버럴 아츠 칼리지의 선구자 격인 아쇼카대학Ashoka University이 설립되었다. 공동 설립자 중 한 명인 아쇽 트리베디Ashok Trivedi는 델리대학에서 학·석사 과정을 마치고 미국으로 건너와 오하이오대학에서 MBA를 한 후 아이게이트IGATE를 창업한 인도 디아스포라다. 이처럼 인도 디아스포라는 모교를 지원하거나 아예 새로운 대학을 세우기도 하고, 인도의 대학과 미국의 유수 대학 사이의 학술·학생 교류를 적극 지원하기도 한다.

UC버클리 교수인 애너리 색서니언AnnaLee Saxenian은 실리콘밸리에 터를 잡고 인도와 자주 왕래하는 성공한 기업인들을 '새로운 아르고호의 선원new argonauts'이라고 칭했다. 아르고호를 타고 황금 모피를 찾으려 지중해 등지로 모험을 떠난 그리스신화에 나오는 선원들처럼, 이제는 이들 디아스포라가 21세기의 새로운 아르고호의 선원들이라는 것이다. 레키 칸월은 나에게 "과거에 디아스포라가 인도의 독립운동을 주도했다면, 지금은 인도 경제를 위해 중요한 역할을 감당하고 있다"고 강조했다.

인도는 중국을
넘어설까?

나는 중국이 우리 세대에 미국을 넘어서지 못할 것이라고 예측했다. 그럼 인도는 중국을 넘어설 것인가? 쉽지는 않겠지만 지금 추세로 가면 중국의 맞수가 될 가능성은 충분하다. 물론 전체적인 국력에서 아직 중국에 현저히 뒤처져 있으나, 향후 인도의 경제성장률이 중국보다 높을 것이고, 무엇보다 인구 구성이 젊다는 강점이 있다. 실제로 인도는 기술 인력 면에서 공급이 수요를 초과하는 유일한 나라다. 인도공과대학, 인도의과대학 외에도 주별로 우수한 공대와 의대가 산재해 글로벌 기술 인력 공급원이 되고 있다.

더구나 중국은 미국과 갈등을 빚으면서 점점 문을 닫고 있다. 경제·무역 분야에서 일본의 '잃어버린 20년'의 전철을 밟을 위험성에 직면했다. 국제사회에서 일고 있는 반중 정서와 외교적 고립이라는 도전도 헤쳐나가야 한다. 인도는 이러한 지정학적 리스크가 없다. 미국·일본·호주와 인도·태평양 지역의 한 축으로 경제·외교·안보에서 서로 협력하고 보완하는 관계를 지속하고 있다. 더구나 인도 디아스포라의 힘과 영향력은 점차 확대되는 추세다.『블룸버그』는 "리시 수낵이 영국의 총리가 되면서 이제 인도계의 도약을 부정하는 것은 불가능하다"면서 "인도계들은 10년 또는 15년 전에 기대했던 것보다 훨씬 더 서구 세계에 혁명적 영향력을 확보하고 있다"고 보도했다.

물론 인도가 안고 있는 국내외적 문제도 여전히 크다. 고질적인 빈곤과 불평등, 인종·종교 갈등이 있다. 점차 권위주의적으로 변하고 있는 모디 정부와 힌두 민족주의를 비롯해 정부나 기업의 부패 등 거버넌스 문제도 많다. 하버드대학 인류학자인 아잔사 수브라마니안Ajantha Subramanian이 지적하듯이 실리콘밸리에서 성공한 인도 디아스포라는 대부분이 상류 계급 출신이다. 이들은 강력한 네트워킹을 통해 인도에서는 약화된 카스트제도를 오히려 해외에서 강화시키고 있다는 비판도 받는다. 그럼에도 인도와 인도 디아스포라의 힘과 중요성을 과소평가해서는 안 된다.

몇 년 전 인도의 수도인 뉴델리에 있는 대학에서 한국의 발전과 관련된 강연을 하면서 인도 학생들의 열정에 깊은 감명을 받왔다. 인도에서는 한국의 경제성장 스토리에 더해, K-팝과 K-드라마 등 한류에 대한 관심이 커지고 있었다. 반면 한국에서는 인도 유학생이 이태원 식당에서 인도인이라는 이유로 출입을 거절당한 사건이 화제가 된 적이 있었다. 또 지하철에서 인도 남자가 한국 여자를 사귄다는 이유로 폭언과 폭행을 당한 적도 있었다. 아마도 인도에 대해 편견과 부정적인 고정관념이 이러한 어처구니없는 일을 초래했을 것이다.

한국에 있는 인도계 엔지니어와 대화해보면, 삼성·SK 등 한국 대기업에서 일하는 것은 좋은데 한국 사회가 갖고 있는 편견 탓에 생활이 쉽지 않다고 토로한다. 윤석열 정부가 추진하는 인도·태평양 전략의 이행을 위해서는 인도 정부와 긴밀히 협조하는 것은 물론이고 시민사회에서도 인적·문화적 교류를 확대해 상호 이해를 높여야 한다. 한국국제교류재단과 해외에 있는 한국문화원 등 정부기관뿐만 아니라 인도에 투자하는 기업들도 이러한 노력에 동참해야 한다.

경제적으로 인도는 한국에 필요한 인적 자원을 제공할 수 있다. 한국은 저출산·고령화로 인해 인력 수급에 우려가 커지고 있는 반면 인도는 젊고 우수한 기술 인력을 배출하고 있어 한국에 좋은 공급처가 될 수 있다. 2030년에 이르면 인도의 기술 인력은 무려 2억 5,000만 명에 달할 것으로 예측된다. 특히 소프트웨어에 강한 인도와 하드웨어가 강점인 한국의 조합은 시너지 효과를 낼 수 있다. 중국이 한국의 중간재 수출에 기회의 땅이었다면, 인도는 기술 인력의 공급처가 될 수 있는 것이다. 『블룸버그』는 인도는 세계에서 가장 중요한 인재의 원천이라면서 "오늘날 미국의 미래를 생각한다면 마땅히 인도에 초점을 맞춰야 한다"고 했는데 결코 과장이 아니며 이는 한국에도 해당하는 지적이다.

인도와 협력하는 것 못지않게 인도 디아스포라와 네트워크도 강화해야 한다. 국가 주도로 경제발전을 이룩한 한국 등 동아시아와 달리 인도의 발전 과정에서 인도 디아스포라는 매우 중요한 역할을 했다. 그들의 글로벌 영향력은 더욱 커질 것이다. 실리콘밸리뿐만 아니라 호주, 독일 등에서도 인도계 기술 인력과 디아스포라의 네트워크를 적극 활용하고 있다. 아랍에미리트UAE 등 중동 국가들도 마찬가지다. 한국도 인도의 기술 인력을 국내에 유치하거나 새로운 사업을 개발하고 투자하는 데 탄탄한 글로벌 네트워크를 갖춘 인도 디아스포라와 긴밀한 협업을 할 수 있다.

지금까지는 동방(미국, 일본)과 북방(중국, 러시아)이 중요했다. 이제는 남방(인도와 동남아시아)의 중요성이 커지고 있으며 그 핵심은 인도다. 빠르게 변하는 시대의 흐름을 잘 읽고 헤쳐나가는 혜안을 가질 때야말로 한국이 진정한 '아시아의 작은 거인'이 될 수 있다.

미래는 인도에 있다

기후변화와 에너지 위기를
극복하는 법

인류는 기후 지옥으로
가속페달을 밟고 있다

　　　　　2022년 겨울, 최강 한파와 급등한 난
방비 탓에 온 국민이 어려움을 겪었다. 새삼스러운 이야기 같지만
결국 기후변화와 에너지 위기가 우리 일상으로 깊숙이 스며들고
있다. 내가 사는 미국 캘리포니아 북부에도 올겨울 강풍을 동반한
비가 많이 내렸다. 중서부와 동부도 폭설과 한파를 겪었다. 캐나다
국경과 멀지 않은 뉴햄프셔주 워싱턴산山의 체감온도는 영하 78도
를 기록했다. 유럽은 올겨울에 그나마 이상기후로 따뜻했기에 여
파는 적었지만, 우크라이나 전쟁으로 야기된 에너지 위기는 여전

히 해결이 어려운 과제다.

코로나19 팬데믹의 끝자락에서 맞이한 2023년의 세계는 복합 위기를 맞고 있다. 기후변화, 전쟁, 에너지 위기, 인플레이션, 미중 갈등, 민주주의의 위기와 리더십의 부재 등 어느 하나도 간단치 않은 문제다. 더구나 고르디우스Gordius의 매듭처럼 서로 복잡하게 얽히고설켜 있어 해결의 실마리를 찾기가 무척 어렵다. 알렉산드로스Alexandros 대왕처럼 단칼에 그 매듭을 자를 수도 없고, 미중 간에는 물론 국제적 다자 협력이 필요하다. 이러한 복합 위기를 반영하듯 2023년 세계경제포럼WEF(다보스포럼)의 주제도 '파편화된 세계 속의 협력Cooperation in a Fragmented World'이었다.

한국도 전 지구적 현상인 기후변화에서 예외일 수 없다. 에너지의 해외 의존도도 높아 어느 나라 못지않게 에너지 안보의 중요성이 큰 편이기도 하다. 기후변화와 에너지 안보는 유엔에서도 규정한 지속 가능성 어젠다의 핵심이며, 국가 정책의 지속성과 국제 협력이 절대적으로 필요한 분야다. 윤석열 정부가 탄소중립을 천명하고 에너지 안보에 주목하는 것은 다행스러운 일이다. 이것은 정치나 이념을 넘어 생존의 문제다. 윤석열 정부가 천명한 자유진영 간의 가치 연대에서 한발 더 나아가 기후변화·에너지 분야의 국제 협력도 절실하다. 한국의 국력을 고려할 때 좀더 주도적으로 나서야 한다.

얼마 전 내파밸리Napa Valley의 와이너리에서 나눈 이야기다.

기후변화와 에너지 위기를 극복하는 법

내파밸리는 내가 사는 곳에서 자동차로 2시간 정도 걸리는 거리에 있다. 와이너리 주인과 대화하는 중에 이런 질문을 던졌다. "향후 20~30년 동안에 닥칠지도 모를 가장 큰 도전이나 위협이 무엇인가?" 그는 이 질문에 한순간의 주저함도 없이 기후변화라고 답했다. 얼마 전 내파밸리 지역에 큰 산불이 난 적이 있어 내심 화재를 떠올렸지만 그의 대답은 내 예측을 빗나갔다. 그는 이 지역의 온도가 1도만 상승해도 포도 품종을 대량 교체해야 할 것이라고 했다. 앞으로는 내파밸리가 아닌 오리건주나 워싱턴주가 와인 생산 중심지가 될 수 있다고도 첨언했다.

내파밸리에만 해당하는 이야기가 아니다. 유럽에서도 포도 재배지가 남부에서 북극권으로 옮겨가고 있다는 보도가 나온 적이 있다. 30년 뒤에는 영국이 양질의 와인용 포도 생산지가 될 것이라는 연구 결과도 있다. 현재 영국은 프랑스나 남유럽 국가보다 포도가 익는 여름철과 초가을이 짧고 평균 기온도 낮지만, 2050년이면 온도가 상승해 영국이 주요 와인 생산지가 되리라는 전망이다. 캐나다 와인연구소의 데비 잉글리시Debbie English 소장은 "(산업혁명기에 비해) 온도가 2도 상승하면 전 세계 와인 재배 지역의 55퍼센트가 사라질 수 있고, 4도가 오르면 70퍼센트 이상 없어질 수 있다"고 경고했다.

우리가 애호하는 식품인 커피도 비슷한 상황에 처해 있다. 영국 『데일리 온라인』은 지구온난화로 2050년까지 전 세계 커피콩

재배지의 절반 이상이 사라질 것이라고 보도했다. 미국 국립과학원 National Academy of Science도 현재보다 평균 지표면 온도가 2도 이상 상승할 경우 2050년까지 중남미 커피 생산량은 최대 88퍼센트 까지 감소할 수 있다고 발표했다. 국제커피기구International Coffee Organization는 2050년에 이르면 동남아시아에서 커피 재배에 적합한 농지 면적의 70퍼센트가 줄어들 것이라고 경고한 바 있다. 커피콩은 현재 60개국 이상에서 재배되고 있는데, 석유 다음으로 세계에서 가장 많이 거래되는 상품이기도 하다. 이런 추세라면 머지않아 커피를 둘러싼 분쟁이나 커피 배급제가 생길지도 모른다.

이처럼 기후변화는 우리 삶과 밀접한 일상을 위협한다. 그 강도나 변화의 속도 역시 점차 빨라지고 있다. 여름에도 기후가 서늘한 캐나다 포트스미스에서는 한때 기온이 39.9도까지 치솟아 북위 60도 이상 북극권에서 최고를 기록했다. 1년 내내 영하인 빙하 기후를 가진 그린란드 정상에서는 눈 대신 비가 내리기도 했다. 2022년 태풍과 허리케인 등 열대성 폭풍은 지구 전체에서 무려 97건이나 발생했다. '최악의 홍수', '극히 드문 가뭄', '기록적 폭염' 등이 닥쳤다는 소식은 이제 낯설지 않다.

미국 국립해양대기청National Oceanic and Atmospheric Administration 이 2022년 말에 발표한 「기후 상태 보고서」에 따르면, 2022년 지구 이산화탄소 농도는 '최근 100만 년 중 최고'를 기록했다. 지구 지표면의 온도는 1991~2020년 평균보다 0.21~0.28도 상승해 관측이 시작된 19세기 중반 이후 가장 따뜻했던 6년 중 하나에 속했다. 2015~2021년은 기록상 가장 따뜻한 7년이었다고 한다. 인공지능을 이용한 최근 연구에 따르면, 10년 안에 현재 노력과 상관없이 지구온난화의 분기점인 산업혁명기 대비 1.5도가 상승할 것이라고 한다.

미국 국립해양대기청의 릭 스핀래드Rick Spinrad 국장은 "기후 위기는 먼 미래의 위협이 아니라 지금 당장 해결해야 할 문제이고, 기후 대비 국가와 세계를 만들기 위해 노력해야 한다"고 말했다. 유엔의 안토니우 구테흐스Antonio Guterres 사무총장도 "인류는 기후 지옥으로 가는 고속도로에서 가속페달을 밟고 있다. 인류 문명의 발전이 역설적으로 인류의 파멸을 이끌고 있다"고 경고했다.

에너지 자립도가 낮은 경제 구조

에너지 문제는 기후변화와도 밀접한 관계가 있다. 전 세계 인구의 약 40퍼센트를 차지하는 30억 명의 사람이 여전히 목재·석탄·숯·동물성 폐기물에 의존하고 있다. 이들은 기후변화의 주범으로 전 세계 온실가스 배출량의 약 60퍼센트를 차지한다. 2015년 유엔이 지속가능개발목표SDGs 17개를 설정했는데, 이 중 가장 많은 부분에 걸쳐 논의된 이슈가 에너지 문제다. 예를 들어 목표 7의 '적정 청정 에너지Affordable and Clean

Energy'는 재생에너지 사용 증가와 온실가스 배출량 감소를 통해 지속 가능하고 포용적인 지역사회를 만들어 기후변화와 같은 환경문제에 대응할 수 있다고 강조한다.

이런 노력에도 목표 달성은 아직 요원하다. 우크라이나 전쟁에서 보듯이 에너지가 무기화하면서 재생·청정 에너지를 위한 국제 협력은커녕 에너지 위기가 더욱 가속화하고 있다. 유럽연합은 2020년 현재 석유(26.9퍼센트), 석탄(46.7퍼센트), 천연가스(41.1퍼센트) 등 러시아에 대한 수입 의존도가 매우 높아 러시아의 우크라이나 침공으로 큰 타격을 입고 있다.

국제에너지기구International Energy Agency, IEA 파티 비롤Fatih Birol 사무총장은 "전 세계는 1970년대의 오일쇼크 때보다 훨씬 더 큰 에너지 위기에 직면해 있다"며 "지금은 석유, 가스, 전기 등 에너지 전반의 위기를 동시에 마주하고 있다"고 평가했다. IEA는 중동 산유국의 카르텔 횡포에 맞서 미국을 비롯한 주요 에너지 소비국이 1974년에 창설한 기구다. 그 최고책임자가 오일쇼크 때를 넘어서는 전방위적인 에너지 위기를 경고하고 있다.

한국도 1970년대 오일쇼크 당시 석유 배급제까지 실시할 정도로 심각한 위기와 고통을 겪었다. 그런데 지금도 원유와 천연가스 전량을 수입에 의존하는 등 에너지 자립도가 낮은 매우 취약한 경제 구조를 유지하고 있다. 파티 비롤의 경고가 남의 나라 일로만 들리지 않는 이유다. 당장 2023년 여름에는 폭염과 전기요금 급등을 마주해야 할지도 모른다. 타이완 등 아시아 지역에서 군사 분쟁이 발발하면 수입선이 막힌다. 그렇게 되면 우크라이나 전쟁이 유럽연합에 미친 것보다 훨씬 더 큰 에너지 한파가 한국에 몰아닥칠 것이다.

환경과 성장의
상호 융합

한국에서는 기후변화와 에너지 위기의 중요성을 비교적 일찍 간파했던 정부가 이명박 정부다. 어느 정부나 그렇듯이 공과는 있게 마련이지만, 이명박 정부가 야심만만하게 추진했던 녹색성장과 자원외교는 재평가받아야 한다. 정책을 실행하는 과정에서 실책이 있었다면 마땅히 이를 시정해야 한다. 그러나 정책 기조 자체를 폐기하거나 이어가지 못했던 것은 아쉬움이 크다. 문재인 정부에서는 자원외교를 적폐청산의 대상으로 삼기까지 했다. 윤석열 정부 들어 두 가지 정책 기조를 이어가려는 움직임을 보이는 점은 다행스러운 일이다. 그럼에도 귀중한 10년을 허비한 게 아닌지 곱씹어볼 필요가 있다.

이명박 정부에서 기후변화 정책의 핵심은 녹색성장이었다. 녹색성장은 환경Green과 성장Growth이라는 두 가지 가치를 포괄하는 개념이다. 기존의 경제성장 패러다임을 환경친화적으로 전환하다 보면 에너지·환경 관련 기술과 산업이 파생되게 마련이다.

녹색성장은 이 과정에서 미래 유망 품목과 신기술을 발굴하고 기존 산업과의 상호 융합을 시도해 신성장 동력을 찾고 일자리 창출을 꾀하겠다는 목표를 세웠다. 2010년 4월에는 '저탄소 녹색성장 기본법'이 제정되었다. 흔히 '녹색성장법'이라고 불리면서 최초로 기후변화 이슈를 다루었다. 이를 통해 국가 온실가스 감축 목표를 설정하는 등 기후변화 대응 정책을 이끌었다.

더 나아가 글로벌 녹색성장기구Global Green Growth Institute, GGGI를 설립하는 등 국제 협력을 선도했다. GGGI는 2010년 6월 비영리재단으로 한국에서 출범한 뒤 2년 후 브라질 리우에서 열린 유엔 지속가능발전 정상회의UNCSD에서 공식 국제기구로 인정받았다. 서울에 본부를 두고 있을 뿐만 아니라, 유일하게 한국 주도하에 출범한 국제기구라는 점에서 의의를 갖는다.

GGGI는 2015년 제21차 유엔 기후변화협약 당사국총회 COP21에서 다자간 개발은행과 유엔 지역위원회와 함께 포괄적 녹색성장 파트너십을 출범시켰다. 파트너십은 개발도상국이 고용을 창출하고 최빈곤층의 소득을 높이는 포용적·공유적 번영과 공평한 성장을 추진하고, 녹색성장의 기회와 투자를 식별할 수 있게 지원하겠다는 목표를 두었다. 아시아개발은행ADB, 미주개발은행 IDB, 아프리카개발은행ADB 등 다수의 개발은행이 참여했다.

이명박 정부는 자원외교에도 심혈을 기울였다. 한국은 자원빈국이다. OECD 회원국 중 해외 자원 의존도가 가장 높다. 제조업 강국이지만 원자재 값이 폭등할 때마다 큰 출혈을 감수해야 한다. 이명박 정부 이전부터 해외 자원에 관심을 기울여온 이유다. 김대중 정부는 처음으로 '해외자원개발 기본계획'을 수립했고, 노무현 정부는 아프리카·몽골 등의 해외 광산 비중을 높이면서 자원외교에 나섰다. 가장 공격적으로 자원외교에 나선 정부는 이명부 정부였다. 공기업을 앞세워 해외 자원 투자와 개발에 공을 들였다. 중국은 이미 아프리카와 남미 등을 대상으로 공격적인 자원외교를 펼쳐왔다.

이명박 정부가 임기를 끝낸 이후 10년간 한국의 해외 자원 개발은 뒷걸음쳤다. 산업통상자원부에 따르면, 2012년 219개이던 해외 광물자원 개발 사업은 2021년 94개로 크게 줄었다. 이명박 정부 때 투자한 해외 광산 대부분을 헐값에 처분했다. 적폐청산의 대상이었기 때문이다. 자원외교는 장기 전략이고 적잖은 리스크를 감수해야만 한다. 일종의 '고위험 고수익'의 투자인 셈이다. 자원 빈국인 한국으로서는 위험을 감수할 수밖에 없다.

그동안 자원외교의 부정적 측면이 부각되었지만, 최근 성공 사례가 나오고 있다. 이명박 정부 시절 투자한 호주 프렐류드 가스전이 좋은 예다. 2012년 한국가스공사는 이 해저 가스전에 15억 달러(약 2조 원)를 투자해 지분 10퍼센트를 확보했다. 2019년 생산을 개시한 이후 2020년까지는 적자를 보았으나, 2021년 흑자로 전환했다. 전쟁을 치르는 러시아의 자원무기화로 액화천연가스LNG 값이 폭등하면서 이 가스전은 '대박'을 예고하고 있다고 한다.

전 세계적으로 자원민족주의가 재부상하고 있다. 한국은 자원 빈국이라는 현실을 잊어서는 안 된다. 민간 주도로 해외 자원을 개발하되 정부도 에너지 안보 차원에서 적극 뒷받침해야 한다. 일정한 위험은 감수하면서 장기적 관점으로 접근해야 한다. 정치나 이념에 휘둘려서는 안 된다.

단 한 사람도
소외되지 않는 것

지속가능발전이나 ESG(환경·사회·지배구조) 등의 용어가 더는 낯설지 않다. 2015년 제70차 유엔 총회에서는 SDGs 의제를 2030년까지 달성하기로 결의했다. SDGs는 지속가능개발 이념을 실현하기 위한 인류 공동 목표를 제시해준다. '단 한 사람도 소외되지 않는 것Leave No One Behind'이라는 슬로건 아래 인간, 지구, 번영, 평화, 파트너십이라는 5개 영역에서 인류가 나아가야 할 방향성을 17개 목표와 169개 세부 목표를 설정했다. 빈곤 종식과 식량 안보에서부터 양질의 교육, 성 평등, 불평등 감소와 지속 가능한 주거지 개발에 이르기까지 매우 광범위하면서도 구체적인 목표를 제시하고 있다.

SDGs는 선진국과 개발도상국, 저개발국을 포함한 모든 국가가 인류의 번영을 위해 힘쓰는 동시에 환경을 보호할 것을 촉구한다. 기후변화의 위협에 대한 국제적 대응을 강화하기 위해 각국은 2015년 프랑스 파리에서 열린 제21차 유엔 기후변화협약 당사국총회에서 파리기후변화협약(파리협약) 최종 합의문을 채택했다. 파리협약은 2016년 11월 발효되었다. 파리협약에서 모든 국가는 지구의 기온 상승을 2도 이하로 제한하기로 합의했다. 도널드 트럼프 행정부 시절 미국이 불참하면서 다소 빛이 바랬지만, 2018년 4월 175개국이 파리협약을 비준했으며 10개 개발도상국이 기후변화에 대응하기 위한 국가적응계획을 처음으로 제출했다. 2022년 이집트 샤름엘셰이크에서 열린 제27차 유엔 기후변화협약 당사국총회에서는 기후변화로 인한 '손실과 피해' 대응을 위한 재원 마련 문제가 처음으로 당사국총회의 정식 의제로 채택되었다. 기후변화에 가장 취약한 국가를 위한 기금 설립에도 합의했다.

한국도 국제 흐름에 보조를 맞추고 있다. 만시지탄이기는 하지만 2020년 10월 '2050 탄소중립'을 선언하고, 2021년 9월 24일에는 '기후 위기 대응을 위한 탄소중립·녹색성장 기본법(탄소중립기본법)'을 제정했다. 이 법안은 2050년 탄소중립을 국가 비전으로 명시했다. 또 이를 달성하기 위한 국가전략, 중장기 국가 온실가스 감축 목표, 기본계획 수립과 이행 점검 등의 법정 절차를 체계화했다. 특히 중장기 국가 온실가스 감축 목표를 2018년 대비 40퍼센트로 명시했다. 2022년 3월 25일부터 법안이 시행되면서 유럽연합, 영국, 캐나다, 일본 등에 이어 세계에서 14번째로 '2050 탄소중립 비전'과 이행 체계를 법제화한 국가가 되었다. 2010년 4월에 제정된 '녹색성장법'의 업그레이드 버전이 12년 만에 나온 셈이다.

　문제는 탄소중립이 원자력 없이는 달성이 거의 불가능한 과제라는 점이다. 언젠가는 탄소중립과 탈원전을 동시에 달성할 수 있어야 하겠지만 현실적으로 어렵다. 특히 한국은 지리적 특성으로 재생에너지를 충분히 확보할 여건을 갖추고 있지 못하다. 탈원전이 아니라 외려 원전을 급속히 늘려야만 문제를 해결할 수준에 이를 수 있다. 그럼에도 문재인 정부는 탈원전 기조를 유지했다. 그러다가 퇴임을 앞둔 2022년 2월 25일 문재인은 "향후 60년 동안은 원전을 주력 기저 전원電源, power supply으로 충분히 활용해야 한다"고 하면서, 건설이 지연되고 있는 신한울 1·2호기와 신고리 5·6호기에 대해 "가능한 한 빠른 시간 내에 단계적 정상 가동을 할 수 있도록 점검해달라"고 주문했다. 정책적 혼선은 물론 아까운 시간만 허비한 격이다.

　윤석열 정부에서 탄소중립과 에너지 안보의 중요성을 강조하고 있는 것은 다행스러운 일이다. 우크라이나 전쟁과 글로벌 공급난이 중요한 계기로 작용한 것으로 보인다. 2022년 6월 열린 윤석열 정부의 에너지 정책 방향 설정을 위한 공청회에서 천영길

산업통상자원부 에너지전환정책관은 "러시아의 우크라이나 침공 장기화 등으로 탄소중립과 더불어 에너지 안보를 포함한 양대 가치 모두를 실천하는 것이 중요해지고 있다"고 말했다. 미국, 영국 등의 선진국도 에너지 정책을 탄소중립이라는 큰 틀 속에서 재고하고 있다. 한국도 환경과 에너지 안보를 아우르는 종합 정책을 수립해야 한다.

지속 가능한
포용적 사회를 위해

기후변화와 에너지 위기 대처는 정부만의 과제가 아니다. 기업이나 학계 등 전문가 그룹의 역할과 시민의 협조도 필요하며 국제 협력도 중요하다. 미국, 일본, 중국 등의 대학에서도 기후변화나 에너지 안보와 관련된 기관을 속속 설립하고 있다. 2022년 9월 문을 연 미국 스탠퍼드대학의 도어 지속 가능성 스쿨Doerr School of Sustainability, 일본 도쿄대학의 기후 솔루션 센터Center for Climate Solutions, 중국 칭화대학의 지속 가능한 개발 목표 연구소Institute for Sustainable Development Goals가 중요한 예다. 이화여자대학교, 카이스트 등 한국의 대학들도 이러한 흐름에 발맞추고 있다. 정부나 기업도 대학들의 노력에 지원을 아끼지 않아야 한다. 특히 젊은 세대가 기후변화와 에너지 위기의 도전에 잘 대처할 수 있도록 준비해야 한다.

한국 기업들도 그 위상에 걸맞게 장기적 안목으로 글로벌 어젠다를 개발하고 지원해야 한다. 아산정책연구원, 최종현학술원 등 대기업이 설립한 싱크탱크들이 활발한 활동을 하고 있다. 하지만 재정 규모도 작을뿐더러 기후변화, 에너지 위기, 빈곤 문제 등 좀더 근본적이고 글로벌한 어젠다를 다루는 데는 미치지 못하고 있다. 아직 빌 게이츠 재단이나 저커버그 이니셔티브 재단처럼 기업 창업자들이 사재를 털어 빈곤, 보건, 교육, 에너지 등 글로벌한 이슈를 다루는 곳은 찾아보기 어렵다. 삼성은 삼성글로벌리서치를 두고 있지만, 글로벌 기업의 격에 맞게 좀더 굵직하고 장기적 이슈를 연구·지원하는 싱크탱크나 재단을 만들어야 한다.

더구나 한국에는 반기문이라는 소중한 자산이 있다. 유엔의 SDGs 제정을 주도한 인물이 당시 사무총장이던 반기문이었고, 그는 아직도 국제사회에서 활발한 활동을 하고 있다. 아이러니하게도 반기문은 국내보다도 해외에서 더 존경받고 인기가 있어 보인다. 그간 한국은 국력 대비 국제사회에서 공헌이나 리더십이 약했다. 기후변화와 에너지 위기라는 글로벌한 어젠다를 위한 국제협력에 한국이 좀더 주도적으로 나서야 한다. 이 과정에서 반기문은 한국이 갖고 있는 엄청난 자원이라는 점을 인식해야 한다.

내가 재직하는 스탠퍼드대학 아시아태평양연구소에서는 반기문재단과 함께 2022년 10월 환태평양 지속가능성 대화Trans-Pacific Sustainability Dialogue를 출범시켰다. 미국을 비롯해 아시아·

태평양 지역의 과학자 등 전문가와 정부 정책 담당자들이 매년 한자리에 모여 토론과 협력 방안을 모색하고 차세대를 육성한다는 취지다. 2022년에는 기후변화를 다루었으며, 2023년 9월에는 서울에서 에너지 안보를 주제로 열릴 예정이다. 한국에서도 이와 같은 형태의 국제회의가 활성화되기를 바란다. 그럼으로써 한국이 국제 사회에서 리더십을 발휘하기를 기대한다.

직경이 6~10킬로미터에 이르는 혜성이 지구로 돌진하고 있다. 그대로 충돌하면 인류의 종말이 예견되는 급박한 상황이다. 하지만 대부분의 사람들은 혜성의 존재 자체를 의심하거나 부인한다. 마침내 다가오는 혜성이 하늘에서 보이기 시작하자 사람들이 외친다. "저스트 룩 업Just Look Up!" 고개만 들면 혜성을 볼 수 있게 되었기 때문이다. 이제 고개만 들면 진실은 바로 눈앞에 있다. 그럼에도 사람들은 믿지 않는다. 그것이 혜성이 아닐 것이라고 말한다. 도리어 진실의 반대편에서 외친다. "돈 룩 업Don't Look Up!" 하늘을 바라보지 마라. 2021년 12월 넷플릭스가 공개한 영화 〈돈 룩 업〉의 줄거리다.

6개월 안에 지구가 멸망할지도 모르는데 거대 자본은 정치 권력과 결탁해 외려 인류의 종말을 돈벌이 수단으로 삼으려 한다. 혜성에는 귀중한 광물이 많으며 이를 활용하면 된다고 유혹한다. 나중에는 달을 폭파해 혜성을 막아보려 하지만 무위에 그친다. 최후 수단으로 지구를 탈출해 미지의 혹성에 도착하지만, 그곳은 이미 다른 생명체들이 지배하는 세상이라 목숨을 부지하지 못한다. 대부분의 사람들은 고향집에서 서로 손을 잡고 기도하며 혜성을 맞는 것 외에 다른 도리가 없다.

재차 강조하지만 기후변화와 에너지 위기가 우리 일상에 스며들고 있다. 고개만 들면 진실은 바로 눈앞에 있는데, '돈 룩 업'을 외치면서 애써 외면하고 있는 것은 아닌지 곰곰이 되돌아보게 하는 영화다. 이 영화는 정치와 기업권력이 자신들의 이익 추구에만 매달릴 때 어떤 결과를 가져오는지도 잘 보여준다. 불편한 진실을 마주할 시간이 그리 많지 않다. 당장 고르디우스의 매듭을 풀지는 못하더라도 최소한 '저스트 룩 업'은 할 수 있지 않을까?

기후변화와 에너지 위기를 극복하는 법

인터뷰

신기욱
×
프랜시스 후쿠야마

민주주의는
무엇을 할 수 있는가?

━━━ **정치지도자의 리더십**

신기욱　2022년도 다사다난한 한 해였다. 러시아의 우크라이
　　　　나 침공을 비롯해 국제 정세도 불안했고, 코로나19 팬
　　　　데믹의 영향력은 줄어들었지만 인플레이션 등 후유증
　　　　을 겪고 있다. 2022년을 가장 잘 설명할 수 있는 하나
　　　　의 단어나 문장, 구절을 꼽는다면 무엇인가?

프랜시스　2022년은 한마디로 매우 좋은 해였다. 민주주의에서 벗

후쿠야마　어나 권위주의로 향하던 국제정치 흐름이 바닥을 쳤기

때문이다. 역설적으로 들리겠지만 반등은 2022년 2월 러시아의 우크라이나 침공과 함께 시작되었다. 당시에는 중국도 승승장구했고, 코로나19 정책에서 모두를 물리친 것처럼 보였다. 그런데 지금 러시아는 완전히 수렁에 빠졌고, 중국은 백지 시위를 경험했고, 이란에서도 시위가 벌어졌다. 11월 8일 미국 중간선거에서는 트럼프 전 대통령 세력이 패배했다. 그래서 나는 2022년을 15년 이상 지속하던 민주주의 쇠퇴가 마침내 바닥을 친 해라고 돌아볼 것 같다.

신기욱 많은 사람이 2022년을 부정적으로 본 것과 달리 낙관적으로 본 점이 인상적이다. 나 역시 동의할 수 있는 부분이 많다. 그렇지만 글로벌한 차원에서 민주주의의 회복이 급속한 반전을 할지, 아니면 이제 겨우 회복의 전기를 마련한 것인지는 속단하기 이르지 않을까 한다. 미국도 2024년 대선까지 좀 지켜봐야 할 것 같다. 트럼프 전 대통령 세력이 약해졌다고 해도 그를 지지했던 트럼피즘은 여전히 존재하기 때문이다. 2020년 대선 결과를 부정했던 공화당 후보들이 이번에 대거 의회에 입성했다. 다시 우크라이나 전쟁으로 돌아가면 많은 사람이 러시아가 쉽게 이길 것으로 생각했는데 힘겨워 보인다. 이 전쟁이 역사에 어떻게 기억될 것으로 생각하는가?

후쿠야마　우크라이나 전쟁은 강력한 권위주의 지도자가 저지른 최대 전략적 실수 중 하나로 오랫동안 기억될 것이다. 그 실수는 정치체제와 직접 연관되어 있다. 블라디미르 푸틴 러시아 대통령이 5미터 넘는 긴 테이블에 국방부 장관과 홀로 마주 앉은 장면을 기억할 것이다. 그는 코로나19 기간에 극도로 고립되었다. 무엇보다 이미 견제와 균형이 없는 시스템에 자기 자신을 고립시켰다. 그런 의사결정 시스템은 훨씬 더 큰 실수를 저지르기 쉽게 만든다. 그는 우크라이나인들이 기꺼이 맞서 싸울 거라는 점을 알지 못했고, 자신의 군대가 얼마나 나쁜 상태인지도 몰랐다. 다른 사람들과 권력을 공유하는, 즉 견제와 균형이 작동하는 민주적인 국가였다면 그런 실수를 저지르지 않았을 것이다.

신기욱　푸틴이 어려움을 겪고, 중국 역시 문제가 많은 것이 사실이다. 권위주의적 의사결정 시스템이 위험할 수 있다는 경고에도 동의한다. 하지만 중국 시진핑 주석이 세 번째 연임하는 등 권위주의 지도자들의 행보는 계속되었다. 반면 미국의 조 바이든은 국내나 국제 무대에서 강력한 리더십을 보여주지 못했고, 영국·프랑스·독일에서도 강한 지도자를 찾아볼 수 없다. 글로벌 민주주의 리더십의 부재라고 할 수 있지 않을까?

후쿠야마 시진핑 주석이 단기적으로는 코로나19 시위가 벌어진 중국을 안정시키는 데 성공할지 모르지만 큰 난관에 부닥쳤다. '제로 코로나19' 정책은 사회 불안을 양산했다. 이제 방역 완화를 시작했는데 확진자·사망자 수가 기하급수적으로 증가할 것이다. 하지만 선택의 여지가 없다. 전체적으로 시진핑 주석의 권위와 체제 정당성이 훼손되었는데 회복할 수 있을지 모르겠다. 미국에서도 중국이 정점peak에 도달했는지에 대해 논쟁이 뜨거운데, 가장 중요한 문제는 중국 경제 모델의 붕괴다. 지난 10년간 중국 경제는 부동산에 막대한 자금을 투입해 지탱했다. 그 모델이 무너지기 시작했다. 중국 경제는 더는 성장하지 않는다. 동료 경제학자 일부는 중국이 경제 침체기에 있고 역성장을 한다고 진단한다. 중국 권위주의 체제 정당성의 상당 부분은 높은 경제성장률에 기초했는데 그 시기가 끝났다. 중국의 인구도 줄고 있다. 1990년대 이후 일본이 겪은 것과 마찬가지다. 이런 상황에서 정보기술 분야 통제처럼 중앙집권적 통제가 시행되는 것은 경제에 더 악영향을 미친다. 나는 장기적으로 시진핑 주석이 유능한 지도자로 보일 거라 확신하지 않는다.

신기욱   중국 경제 모델의 붕괴에 대한 지적이 날카롭다. 내가 아는 중국 기업인들도 시진핑 주석이 집권하는 한 중국 경제의 미래는 없다고 걱정하고 있다. 그렇지만 앞으로 3~5년 정도는 권위주의 지도자들이 힘을 유지하지 않을까? 자유 진영의 연대에 맞서 권위주의 연대도 하려 할 것이고……. 반면 '미국 우선주의'가 상징하듯 미국을 포함한 서구 민주주의 진영의 정치 리더십은 여전히 위기에서 벗어나지 못하고 있다는 진단이 있다.

후쿠야마   우크라이나 볼로디미르 젤렌스키 대통령을 제외하고 미국이나 독일, 프랑스에서 고무적 지도자를 찾아보기 힘든 것이 사실이다. 하지만 민주주의의 장점은 변화에 잘 대응한다는 것이다. 미국을 보면 바이든 대통령이 80세가 되었고 트럼프 전 대통령도 70대 후반이다. 의회 지도부도 고령이지만 민주주의 특성상 다음 선거 주기가 지나면 새 세대의 지도자들을 갖게 될 것이다. 그리고 나는 국가 운영을 위해 반드시 위대한 이상을 가진 카리스마 넘치는 지도자가 필요하다고 생각하지 않는다.

신기욱   나도 새 세대의 지도자들이 등장하기를 간절히 고대한다. 그러나 지금은 여전히 미국의 글로벌 리더십이 계속 흔들리고 있다. 2020년 대선에서 트럼프가 패했을 때 바이든 행정부가 국제질서를 회복하고 트럼프 행정부보다 훨씬 나은 결과를 가져올 것으로 기대했다. 하지만 현재 그런 기대가 현실로 나타나고 있는지 확신할 수 없다. 우크라이나의 대러 항전을 지원하고 있지만 종전을 이끌어낼 리더십도 부재하다.

후쿠야마   바로 그런 점 때문에 특정 정치지도자에 의존하는 것보다 글로벌 시스템을 갖추는 것이 필요하다. 미국은 나토라는 다자 동맹 기구를 갖고 있다. 과거에는 나토가 별 쓸모없고 금세 사라질 것으로 생각했지만, 실제로는 내구성이 매우 우수하다는 점이 입증되었다. 한국·일본과의 안보동맹도 오래되었지만 여전히 지속한다. 반면 권위주의 국가들은 미국의 동맹 시스템에 필적할 것을 만들지 못했다. 냉전시대에 소련이 구축했던 것은 이미 사라진 지 오래다. 상하이협력기구SCO가 있지만 중앙아시아 국가들은 러시아·중국이 주도하고 지배하는 조직 일부가 되고 싶어 하지 않는다. 다시 말하지만 특정 정치지도자의 위대한 리더십에만 의존할 필요가 없다는 것이다.

민주주의는 무엇을 할 수 있는가?

신기욱   러시아의 우크라이나 침공을 계기로 나토의 중요성에 대해 한국 내에서도 인식이 커졌다. 더 나아가 한국이 글로벌 안보 시스템을 만드는 데 이제는 수동적 참여에 그치지 말고 더 적극 나설 필요가 있다고 생각한다. 문재인 정부에서 쿼드 등 인도·태평양 지역에 새로운 안보 체제를 구축하려는 노력에 소극적이었던 점은 아쉽다. 다행히 한국은 '민주주의 정상회의'의 중요한 멤버이고, 윤석열 정부도 자유주의 가치 연대를 천명하고 있다. 한국은 지금까지 동맹 확대나 새로운 국제질서 구축에 적극 참여한 적이 없었는데, 이제 세계 10위권 국가가 된 만큼 국제사회에서 좀더 주도적인 역할을 해야 한다.

후쿠야마   그렇다. 왜냐하면 아시아·유럽 모두에서 미국과 동맹이 지지하는 일련의 가치들이 있기 때문이다. 냉전시대에는 소련이 존재했지만 서구 민주주의 국가를 침략한 적은 없었다. 그런데 푸틴의 러시아는 그 일을 감행했다. 그래서 나토가 다시 중요해졌다.

신기욱   2022년 6월 한국이 처음으로 나토 정상회의에 초대를 받았는데, 국내에서는 대통령의 참석 여부를 놓고 다소 논란이 되기도 했다. 하지만 나는 참석해야 한다고 했다. 러시아나 중국을 적으로 삼아서는 안 되지만 나토와 같은 중요한 국제기구와 적극 협력해야 한다. 과거 냉전시대에 '군사적 중립국'을 자처했던 핀란드가 최근 나토에 합류했다. 미국의 핵 공유를 근간으로 하는 집단방위 체제로 안전을 보장받게 된 점을 한국도 눈여겨볼 필요가 있다. 북한의 핵 위협에 놓여 있는 한국에 주는 시사점이 크다고 할 수 있다.

▬ 미국과 중국 사이에서

신기욱 중국의 타이완 침공 여부는 미국 등 국제사회의 초미의 관심사이고 논쟁이 벌어지고 있다. 물론 군사적 충돌이 벌어지기까지는 여러 변수가 있고 많은 논쟁이 있겠지만, 일단 두 가지 질문을 던지고 싶다. 첫째, 우크라이나 상황이 중국의 타이완 침공 가능성을 줄일 수 있을까? 즉, 러시아가 우크라이나에서 고전하는 것이 중국의 무력 행사를 주저하게 할 것인가 하는 점이다. 둘째, 중국이 타이완을 침공한다면 한국은 어떻게 해야 하는가? 한국은 군사동맹을 맺고 있는 미국의 요청을 거절할 수 없지만 동시에 중국을 적으로 만들 수도 없다. 이것이 현재 한국이 처한 가장 어려운 문제라고 생각한다.

후쿠야마   미국으로서도 어려운 질문이다. 의회나 일반 미국인이
실제 타이완을 지키기 위해 중국과 전쟁하고 싶은지 분
명하지 않다. 여론조사를 한다면 대부분이 '아니다. 우
리 군대가 죽을 수 있는 곳에 보내지 않을 것'이라고 답
할 것이다. 하지만 미국이 휘말릴 가능성은 있다. 일단
분쟁이 시작되면 여론이 바뀔 것이기 때문이다. 도시들
이 폭격당하거나 침략이 벌어지는 것을 보는 순간 사람
들의 생각이 바뀔 수 있다. 특히 중국의 초반 공세에 미
군이 희생된다면 타이완을 도와야 한다는 정치적 압박
이 커질 수 있다.

신기욱   그런 상황이 발생하면 미국이 과연 얼마나 관여할 수
있는가? 한국 내에서는 회의적인 시각도 있다. 특히 중
국이 타이완을 침공할 경우 북한도 이를 기회로 삼아
군사적 행동을 할지 모른다. 전면전은 아니더라도 국지
전을 감행할 가능성은 적지 않고, 이때 미국은 동북아
시아에서 두 개의 전쟁을 동시에 수행할 의지나 능력
이 있는지 걱정이 된다. 최근 들어 한국도 핵무장을 해
야 한다는 여론이 높아지고 있다. 북한의 핵 위협에 대
한 우려인 동시에 과연 미국을 얼마나 믿을 수 있을지
에 대한 회의론을 반영하는 것이라고 생각한다.

후쿠야마　내가 정말 문제라고 생각하는 지점이다. 중국과의 충돌이 어떻게 확대될지 명확하지 않다. 군사적 침공으로 시작될 수도, 해상 봉쇄로 시작될 수도 있다. 남중국해에서 발생하는 사건에서 시작될 수도 있다. 북한이 어떤 도발을 감행하면서 한국에서 시작될 수도 있다. 미중 충돌이 빚어지면 우크라이나 침공보다 훨씬 더 파괴적 상황이 될 것이다. 전 세계에서 생산되는 많은 제품이 아시아에서 나오기 때문이다. 한 가지 주목할 점은 중국과 북한은 최근에 전쟁을 수행한 경험이 없다는 점이다. 중국이 마지막으로 전쟁을 한 것은 1979년이고 북한은 1953년이다. 반면 미국은 전쟁 경험이 많고 실제로 잘 싸운다. 전쟁을 수행하기 위해서는 단순히 무기나 보급뿐만 아니라 효율적인 지휘 체계가 매우 중요하다. 러시아가 아닌 미국이 우크라이나를 침공했다면, 48시간 안에 우크라이나 공군력을 무력화시켰을 것이다. 중국이나 북한이 군사적 행동을 감행한다면, 이러한 미국의 전쟁 수행 능력을 신중히 고려해야 할 것이다. 핵무장론과 관련해서는 한국인들의 심정은 충분히 이해하지만 군사적이든 정치적이든 필요하지 않다. 개인적으로 북한이 한국에 핵 공격을 할 것이라고 생각하지는 않으며, 미국의 핵우산 억지력으로 충분하다고 본다. 오히려 한국이 핵무장을 하려 할 때 여러 위험 요소와 불안정성만 커질 것이다. 나는 핵 확장을 지지하지 않는다.

신기욱   나 또한 타이완을 둘러싼 분쟁이 벌어진다면 우크라이나 전쟁보다 미국인들에게 더 직접적인 영향을 미칠 것으로 생각한다. 그럼 미중 충돌 상황이 벌어지면 한국은 이 문제를 얼마나 심각하게 받아들여야 한다고 생각하는가? 미국은 물론 일본에서도 타이완을 둘러싼 군사적 충돌에 대한 논의가 활발한데 한국은 비교적 태연한 것 같다. 얼마 전 일본을 방문했을 때 외신기자와 대화할 기회가 있었는데, 미국과 일본에 비해 한국은 설마 그런 일이 일어나겠냐고 하는 듯한 태도에 놀라고 있다고 했다. 나도 전적으로 공감했다.

후쿠야마   모든 관련국이 중국의 타이완 침공 가능성을 진지하게 받아들이고 구체적인 저지 방안을 세우는 것이 중요하다. 중국이 타이완에 대해 어떤 군사적 조처도 하지 못하도록 막고, 침공 시 치러야 할 대가를 더 크게 만들지 않는 한 중국은 단념하지 않을 것이다. 그래서 한국이 타이완을 지원할 방법은 물론 중국의 무모한 행동을 제약할 수 있는 더 큰 동맹을 만드는 데 일정한 역할을 할 수 있는 방법을 고려하는 것이 정말 중요하다.

신기욱   나는 한국 정부가 타이완 문제를 지금보다 훨씬 더 심각
         하게 고민해야 한다고 생각한다. 특히 윤석열 정부의 외
         교안보 분야에서 북한이 아니라 타이완이 가장 어려운
         과제가 될 수 있다. 더구나 앞에서 언급한 대로 타이완
         과 한반도에 전쟁이 동시에 발생하면 한국은 6·25전쟁
         이후 최대의 안보 위협에 처할 수 있다. 윤석열이 정치
         적 리스크를 감수하면서 한일 관계 개선에 나서는 것도
         이러한 점을 고려한 것이 아닐까 싶다. 그렇지만 한국
         에서는 보수·진보, 여야가 안보 문제에서조차도 서로
         극단적으로 대립하면서 국론이 분열하고 있다. 윤석열
         대통령에게 이 문제에 대해 어떤 조언을 할 수 있는가?

후쿠야마   한국 정부가 중국의 군사적 행동에 반대하고, 유사시
         미국을 지지할 것이라는 의견을 분명히 밝혔다고 평가
         한다. 타이완을 둘러싼 분쟁이 벌어지면 한국은 휘말릴
         수밖에 없다. 많은 미군 장비가 한국에 있고 그 장비들
         은 전장 가까이에 옮겨질 것이다. 우크라이나 전쟁에서
         얻은 교훈은 민주주의 국가들이 장기 분쟁에 대비하지
         않았다는 점이다. 10개월 만에 미국·유럽에서 탄약 부
         족 현상이 벌어졌다. 동아시아에서 고강도 분쟁이 발생

하면 더 큰 비용이 들 것이다. 물론 한국은 수십 년 동안 북한의 공격에 대비했기 때문에 다른 나라보다 상황이 낫다. 하지만 모든 관련국이 중국의 타이완 침공 가능성을 진지하게 검토하고 장기전에 대비해야 한다.

신기욱 이 문제와 관련해 나는 한국인들에게 종종 캘리포니아의 지진에 비유해서 말한다. 이곳에서는 지진의 위협이 상존하기 때문에 비상식량도 준비하고 유사시에 대비하고 있다. 물론 지진이 날 확률은 매우 적지만 발생할 경우 그 피해가 엄청날 수 있기 때문에 대비하는 것이다. 타이완과 한반도를 둘러싼 군사적 충돌 가능성도 마찬가지라고 생각한다. 다시 미중 갈등으로 돌아가면 한국은 두 강대국 간 갈등이 고조되는 것을 우려 속에 지켜보고 있다. 과거 한국 외교안보의 패러다임은 '안보는 미국, 경제는 중국'이었다. 즉, 미국과의 군사적 동맹 관계를 유지하면서 중국과는 경제적으로 밀접한 관계를 유지해왔다. 그러나 이제는 이처럼 안보와 경제를 분리하기가 어려워졌다. 미중 간 디커플링이 일어나고 미국이 공급망 재편을 추진하면서 한국의 기업들은 어려움에 처해 있다. 예를 들어 한국 반도체 기업들이 그동안 중국에 많은 투자를 해왔는데 미중 갈등이 고조되면서 이를 재고해야 하는 상황에 직면해 있다. 윤석열 정부가 한미동맹 강화를 추진하고 있지만, 많은 한국 기업은 미중 간 긴장 고조에 어떻게 대처할지 근본적인 고민을 안고 있다. 지금 한국에 필요한 지혜가 있다면 무엇인가?

후쿠야마　　한국이 좀더 명확한 자세를 취할 필요가 있다. 문재인 정부 때는 한국이 미중 중간쯤에 어떻게든 머물 수 있다는 믿음이 있었던 것 같다. 하지만 그것은 계속 유지될 수 있는 처지가 아니다. 근본적으로 미중 갈등은 시진핑이 집권한 2013년 이후 중국에 의해 주도되었다. 중국은 내부적으로 훨씬 가혹한 독재정권이 되었고, 외부적으로는 더 공격적으로 바뀌었다. 일대일로 프로젝트를 통해 영향력을 확대하고 남중국해 군사화에 나섰다. 중국은 지난 10~15년간 영토 문제로 인도, 일본, 한국, 동남아시아 국가들과 다투어왔는데 그 시기에 어떤 강대국보다 빠르게 군대를 확장했다. 결과적으로 미국과 다른 나라들이 이런 움직임에 반응했다. 나는 한국 같은 민주주의 국가가 미중 사이에 어정쩡하게 처해 있을 수는 없다고 생각한다. 이제 결정을 내려야 한다. 민주주의의 편에 확실히 설 것이라는 결론 말이다.

신기욱 앞서 말했듯 안미경중이 끝났고 상황이 바뀌었다는 데는 동의하지만 나는 '악마는 디테일에 있다'는 격언처럼 한국이 좀더 세련된 대응을 해야 한다고 생각한다. 경제도 안보 관련 부분은 미국과 좀더 적극적으로 협력하더라도 안보와 거리가 먼 부분은 아직 중국과 같이 갈 수 있는 것을 구분해 예컨대 살라미식 전술로 대응할 필요가 있다. 가령 반도체, 전기 배터리 등 경제안보와 관련이 있는 부분은 미국과 협력하더라도 관광이나 소비재 등 한중 간 경제협력을 할 수 있는 부분이 여전히 많이 존재한다.

■ 승자독식과 정치적 양극화

신기욱 미국의 대북 정책에 관해 묻고 싶다. 바이든 행정부에는 북한을 다루어본 베테랑도 많고 바이든도 외교 분야의 경험이 많아 기대를 한 사람이 적지 않았다. 하지만 바이든 행정부의 정책은 중국에 초점이 맞춰 있고 북한은 별 관심을 받지 못하고 있다. 성 김 대북특별대표는 파트타임이고 인권을 중시한다는 바이든은 북한 인권대사도 최근에야 지명했다. 그래서 나는 바이든 행정부의 대북 정책이 오바마 행정부의 전략적 인내보다도 더

소극적인 '전략적 방임'이라고 말해왔다. 북한이 장·단거리 미사일 도발을 계속하기 때문에 한국에서는 곤혹스러운데 미국은 별 반응을 보이지 않는다. 그 이유가 무엇인가? 우크라이나와 중국에 모든 관심이 쏠려 있기 때문인가?

후쿠야마 　내가 북한 문제에 대해 느낀 점은 모든 문제가 반드시 해결책을 가진 것은 아니라는 것이다. 그리고 이 문제에 해결책이 있다고 생각하지 않는다. 북한 문제에 외교력을 이용할 수도, 군사력을 활용할 수도, 억지력을 동원할 수도 있다. 하지만 어느 것도 효과가 없을 것 같다. 그토록 오랜 대북 협상의 역사가 있지만 별 성과가 없었다. 북한이 미사일을 발사하는 이유 중 일부는 자신들에게 관심을 두기를 원한다는 것이다. 결국 북한 문제 해법은 그것이 존재하지 않는다고 생각하고 무시하는 전략으로 귀결된다. 대단한 해결책은 아니지만 더 나은 대책이 있는 것 같지도 않다.

신기욱 　동의한다. 미 행정부에 있는 많은 이에게 북한은 '뜨거운 감자'였을 것 같다. 명확한 해결책이 없고, 경력에도 도움되지 않기 때문에 선뜻 다루고 싶지 않았을 것이다. 북한 문제가 미국 외교안보의 최우선 순위가 되었

민주주의는 무엇을 할 수 있는가?

던 것은 트럼프 행정부가 유일했다. 아이로니컬하게도 북한 전문가가 많지 않았고 트럼프 자신이 김정은 위원장을 다룰 수 있다고 생각했기 때문에 적극 나섰지만 역시 결과는 마찬가지였다. 그런데 북한 문제를 계속 내버려두면 5년 뒤 상황은 더 악화할 것이라는 점이 큰 딜레마다. 이미 핵 개발은 더는 실험이 필요없을 만한 수준에 와 있고, 대륙간탄도미사일 개발도 이런 식으로 가다간 곧 완성될 것으로 보인다. 그렇지만 마땅한 대책이 없는 현 상황이 안타까울 수밖에 없다. 5년, 10년 뒤 우리는 어떤 북한과 마주하게 될 것으로 보는가?

후쿠야마   모든 사람이 북한 내부에서 어떤 일이 일어나기를 바라고 있고 그런 기대는 나쁘지 않다. 물론 그런 일은 아직 일어나지 않았다. 하지만 김정일 위원장은 건강도 좋지 않다. 어떻게 될지 누가 알겠는가?

신기욱   북한 체제가 얼마나 지속할지는 아무도 모른다. 하지만 김씨 왕조가 쉽게 무너질 것 같지 않고 또 무너지더라도 무력 충돌 등의 비상 상황이 벌어질 수도 있다는 위험이 있다. 최근에 김정은 위원장이 놀이공원에 오듯 미사일 발사 실험장 등에 어린 딸을 데리고 나오는데, 21세기의 한반도에서 이러한 어처구니 없는 광경이 연출된다는 것이 가슴 아프다. 이제 다시 미국 정치에 대해 살펴보자. 많은 미국인이 2022년 11월 8일 중간선거 결과에 안도했다. 트럼프의 영향력은 생각보다 훨씬 제한적이었다. 한국인들도 미국 중간선거를 유심히 지켜보았고 대부분 안도하는 분위기였다. 하지만 트럼프는 다시 2024년 대선 출마를 선언했고, 나는 그가 여전히 공화당 유력 후보라고 생각한다.

후쿠야마 트럼프가 출마 선언을 했지만 영향력은 빠르게 감소하고 있다. 그는 지금껏 네 차례 선거를 치렀는데 세 차례나 공화당에 상처를 입혔다. 그는 자신을 열렬히 지지하는 3분의 1의 유권자를 견인할 수 있지만 선거에서 승리하는 것은 쉽지 않다. 최근 몇 개월 동안 그는 점점 더 미쳐가고 있다. 신新나치주의자와 저녁을 먹고 음모론 주장을 반복하는 등 어떤 이성적 후보도 하지 않을 일을 한다. 이제 많은 공화당원은 그가 골칫거리라는 사실을 깨닫고 있다.

신기욱 트럼프는 소위 당심과 민심 사이에 괴리가 있다. 즉, 대선 승리는 쉽지 않더라도 여전히 공화당 후보가 될 가능성은 커 보인다고 할 수 있다. 최근 트럼프는 기소된 첫 전현직 대통령이라는 불명예를 얻었지만, 오히려 강성 지지자들을 결집하는 정치적 효과를 얻고 있다. 민주당도 현재로서는 바이든 대통령을 넘어설 만한 강력한 후보가 보이지 않는다. 2024년 대선에서 바이든 대통령과 트럼프 전 대통령의 재대결을 예상하는가?

후쿠야마   일종의 기술적 문제지만 공화당 예비선거는 대부분 승자독식 구조다. 확실한 30퍼센트의 지지를 얻는 후보가 최종 지명될 가능성이 크다. 여러 후보가 나와 경쟁하면 트럼프가 이길 수 있다. 나는 그가 2년 후 공화당 대선후보가 될 가능성이 꽤 크다고 생각한다. 민주당에는 좋은 일이다. 왜냐하면 더 정상적인 공화당 후보와 경쟁하는 것보다 트럼프와 경쟁하는 것이 손쉽기 때문이다.

신기욱   정치에서 2년은 아직 긴 시간일 수 있다. 트럼프가 지명될 가능성이 크다고 했는데, 그렇다면 바이든 대통령도 다시 출마할 수 있는가?(2023년 4월 25일 바이든은 재선 출마를 공식 선언했다.)

후쿠야마   다시 출마할 것이다. 이는 일정 부분 민주당에 책임이 있는데 확실한 후임자가 없다. 카멀라 해리스 부통령이 일종의 황태자가 될 수 있지만, 그런 일이 벌어지지는 않을 것이다. 또 리턴 매치가 되면 바이든이 이길 것이다. 바이든은 재선이 되면 82세의 고령이기는 하지만 미국을 위해 그다지 나쁘다고 생각하지 않는다. 트럼프는 미국 민주주의의 위험 요소다. 선거 결과를 번복하려고 한 대통령은 미국 역사상 없었다.

신기욱 한국도 미국처럼 승자독식에 정치적 양극화가 점차 심해지고 있다. 2022년 대선에서 표차가 1퍼센트도 안 되는 말 그대로 박빙의 승부였다. 또한 강력한 대통령제를 갖고 있지만 지금처럼 여소야대인 상황에서는 입법 등 많은 제약이 따른다. 그래서 나를 비롯해 한국도 이제는 의원내각제를 고려해야 한다는 주장을 하는 학자들이 늘고 있다. 하지만 한국에는 여전히 의원내각제를 주저하는 사람이 많다. 몇 가지 이유가 있는데 그중 하나는 북한과 마주한 상황 때문에 강력한 대통령제가 필요하고 의원내각제는 잦은 정권교체로 정치적 불안정이 커질 수 있다는 것이다. 의원내각제가 되면 재벌들이 정치를 좌우할 것이라는 우려도 있다. 한국에 의원내각제 등 정치제도를 개혁하는 방안에 대해 어떻게 생각하는가?

후쿠야마 나도 대통령제보다는 의원내각제가 더 좋은 정치체제라고 본다. 승자독식이 아닌 여러 정치세력 간의 협력과 연정聯政이 가능하기 때문이다. 또한 대통령제하에서는 리더의 능력이 없어도 탄핵이 아니면 임기를 단축할 수 없어 정치의 유연성이 떨어진다. 나는 대통령제가 의원내각제보다 강력한 리더십을 발휘한다는 가정은 옳지 않다고 생각한다. 영국의 의원내각제에서도 과반수 의석을 차지하면 얼마든지 원하는 정책을 펼 수 있다. 정치 양극화 완화 측면에서도 의원내각제가 효과를 발휘할 수 있다. 확실한 다수 정당이 없다면 일종의 연합을 통해 권력을 공유하는 방식으로 갈 수 있다. 또 의원내각제가 아니더라도 대통령과 의회 임기를 조정하는 방안도 있다. 한국의 대통령 임기는 5년인데 입법부는 4년마다 선거를 치른다. 강한 정부를 가지려면 대통령이 의회에서 다수 지지를 받는 것이 필요하다. 대통령과 의회가 같은 주기로 동시 선출된다면 더 강력한 리더십을 볼 수 있을 것이다. 대통령제에서 입법부의 존재 의의는 대통령에 대한 견제다. 입법부에서 과반을 차지하지 못하면 대통령도 아무것도 할 수 없다.

신기욱   현재 한국에서도 비슷한 상황이 벌어지고 있다. 야당이 국회에서 절대다수를 차지하고 있어 정부와 여당은 입법에 큰 어려움을 겪고 있다. 현재 국회와 학계 등에서 정치개혁에 대한 여러 논의가 이루어지고 있지만 실제로 얼마나 시행될지는 미지수다. 정치적 양극화를 막고 분열과 대립이 아닌 협력과 상생의 정치를 위한 제도적 개혁이 이루어져야만 한국이 자유민주주의를 회복하고 글로벌 리더가 될 수 있다. 2022년이 민주주의 쇠퇴가 바닥을 친 해라면, 2023년은 반등을 하는 좋은 해가 되기를 기대한다.

프랜시스 후쿠야마는 미국 스탠퍼드대학 교수로 「역사의 종말」이라는 논문 한 편으로 30대 때 세계 정치학계의 스타로 주목받은 이후 평생 민주주의 연구와 확산을 위한 실천에 천착해온 정치·경제·국제관계 학자다. 일본계 미국인 3세로 1952년 시카고에서 태어나 뉴욕에서 성장한 후 코넬대학을 졸업한 후 비교문학 석사과정을 밟다가 하버드대학에서 정치학으로 전공을 바꿔 새뮤얼 헌팅턴Samuel Huntington 교수를 사사했다. 그는 『자유주의와 그 불만』, 『존중받지 못하는 자들을 위한 정치학』, 『정치 질서의 기원』, 『기로에 선 미국』 등의 책을 펴냈다.

민주주의는 무엇을 할 수 있는가?

지식인의 역할과
민주주의의 미래

━━━　**민족주의와 자유주의**

__안병진__　　미국인보다 더 탁월하게 미국을 관찰한 프랑스의 위대
한 지성인 알렉시 토크빌Alexis Tocqueville에게서 많은
영감을 받기도 한다. 그런데 선생님을 볼 때마다 토크
빌이 생각난다. 미국을 아시안으로서 관찰했고, 동시
에 미국의 관점에서 한국을 해석했다. '이중의 토크빌'
이라고 할 수 있다. 그래서 1983년 미국에 유학을 갔던
배경과 동기가 무척 궁금하다.

신기욱　나는 대학을 졸업한 후 바로 대학원에 들어갔다. 1983년
이니 정치적으로 혼란스러운 상황이었다. 한 학기를
다니다 보니 지적인 자극 같은 게 좀 부족했고, 외국에
서 공부를 하고 싶다고 생각했다. 그래서 유학을 결심
했다. 물론 그때는 당연히 학위를 받고 한국에 돌아온
다고 생각했다. 그런데 졸업할 때가 되자 큰 기대는 안
하면서도 동료들처럼 미국 대학 교수직에 지원해보고
싶었다. 아직 젊으니 일단 몇 년간 경험을 쌓고 한국에
가겠다고 생각하며 아이오와대학으로 갔다. 2년 후인
1994년에 UCLA로 옮겼다. 그래도 한국에 돌아가겠
다는 생각을 했는데, 1998년에 테뉴어를 받았고 1년
후 스탠퍼드대학에서 한국학을 새로 만든다면서 제의
가 들어왔다. 이번에 옮기면 한국에 들어가기는 어려울
수도 있어 고민했지만, 매력적인 제의를 거절하기 어려
워 2001년에 스탠퍼드대학으로 옮겼다. 그렇게 하다
보니 40년 동안 미국에서 연구하며 살게 되었다.

안병진　왜 한국에 대한 사회학적 연구가 평생의 화두가 되었는
가?

신기욱　처음에는 한국에 대한 공부를 하려고 하지 않았다. 미
국에서 한국을 공부하는 것도 그렇고 한국에서 자랐으

니 한국을 잘 안다고 생각했다. 내가 수학이나 통계 같은 것을 잘했기 때문에 미국에서는 경쟁력이 있을 것 같았다. 그래서 통계 기법을 이용해 73개국을 대상으로 정치체제와 경제발전의 관계를 분석한 석사학위논문을 썼는데, 나 자신이 별로 믿음이 가지 않았다. 당시만 해도 미국에서 한국에 대한 연구가 너무 없었고 내가 알고 있는 한국이 다는 아니라는 생각도 들었다. 그래서 한국에 대한 관심을 점차 가지게 되었고 결국 박사학위논문을 '일제시대의 농민운동'에 대해 쓰면서 역사사회학을 하게 되었다. 대학 시절 민주화 운동을 경험한 것이 사회운동에 대한 관심을 갖게 한 이유이기도 했다. 이러한 관심과 연구가 스탠퍼드대학에서 한국학 프로그램을 만들면서 더욱 큰 의미를 가지게 되었다.

안병진   연구 논문뿐만 아니라 민주주의, 민족주의, 한미동맹, 동북아시아 역사 문제 등 현실적인 이슈와 연결해서 많은 문제제기를 했다. '아시안 토크빌'로서 한국과 미국의 결정적인 차이는 무엇인가? 미국처럼 자유주의적 제도 등이 한국에 정착되어가고 있지만, 그 결정적인 차이가 있을 것 같다.

신기욱   미국은 자유주의뿐만 아니라 문화적 다양성을 매우 중요하게 생각한다. 반면에 한국은 여전히 집단주의, 특히 배타적 민족주의가 강하다. 현재 한국의 정치라든지 남북 관계, 특히 대외 관계에서 민족주의는 여전히 엄청난 영향을 미치고 있다. 물론 단일민족 의식이 역사적으로 기여한 부분은 인정하지만 이제 한국이 다음 단계로 나가려면 집단주의보다는 자유주의, 획일성보다는 다양성을 확보해야 한다.

안병진 한국의 젊은 세대는 민족주의에서 좀더 자유롭다고 보는가?

신기욱 양면성이 있다. 젊은 세대가 기성세대에 비해 개인주의적이고 리버럴리즘을 존중하는 것은 사실이지만, 민족주의의 영향권에서 벗어나지 못한 것 같다. 역사적으로 보면 근대 시기에 한국에서는 과도한 민족주의가 자유주의의 빈곤을 가져왔는데, 서구 사회와 비교하면 젊은 세대에서조차도 그 영향력이 강하다.

안병진 젊은 세대들이 중국에 대해 갖는 민족주의적 경향을 굉장히 우려하는 시선과 중국이라고 하는 비자유주의 체제에 대해 느끼는 불편함을 오히려 긍정적으로 보는 시선이 있다. 이렇게 해석이 엇갈리는 현상을 어떻게 봐야 할까?

신기욱   지금 반중 정서는 한국뿐만 아니라 다른 나라에서도 광
        범위하게 나타나고 있다. 특이한 점은 한국에서는 젊은
        세대가 제일 강하다. 이들의 반중 정서는 문화적 민족
        주의의 측면도 있다. 예를 들면, 한복이나 김치에 대해
        갖는 정서나 동북공정東北工程에 대해 반감이 있는 것도
        사실이다. 그와 동시에 중국 체제가 굉장히 권위주의적
        이라고 여기고 인권 문제에 대해 관심을 갖는 것은 긍
        정적인 측면이다. 어떻게 보면 자유주의를 수용하면서
        도 여전히 문화적 민족주의의 모습을 보여주고 있다.

안병진   미국의 젊은 세대들은 전반적으로 리버럴한 경향이 강
        하고 미래지향적인 이슈에서도 앞서가고 트럼피즘에
        대해서도 비판적이다. 그런데 한국의 젊은이들은 남녀
        사이에 갈등도 심하고 자유주의 경향은 있는데, 그렇게
        체계적이지도 않다. 혹은 자유주의의 단점을 넘어서려
        고 하는 움직임도 거의 없다.

신기욱   한국에서는 젊은이들 사이의 경쟁이 너무 심하고, 아직
        도 대학 교육이 지적인 능력을 함양하는 기회보다는 좋
        은 직장으로 가기 위한 수단으로 여긴다. 그러다 보니
        자유주의와 같은 근본적인 이슈에 대해 고민할 기회가

없다. 한국의 교육, 특히 대학 교육이 변해야 한다.

▬ 중국은 글로벌 리더가 될 수 있을까?

안병진   중국이 여러 분야에서 미국을 추격하고 있고 일부에서
는 오히려 앞서고 있다. 또한 공산당 체제가 아주 강고
한 교육과 시스템으로 이념의 정당화를 추구하고 있다.
반면 미국은 점차 고립주의적 경향을 보이고 있고 자유
주의에 대한 회의론도 확산되고 있어 우리가 미국에 경
도되는 것은 어리석다는 관점이 아주 상식적인 담론처
럼 펴져 있다.

신기욱   미국의 리더십이 예전 같지 않고, 특히 트럼프 정부 시
기의 미국에 큰 실망을 해서 그렇다. 내가 지금 하고 있
는 연구 중에 1980년대 미일 갈등과 최근의 미중 갈등
을 비교하는 프로젝트가 있다. 1980년대 중후반에 대
학원에서 공부하고 있을 때인데, 미국에서는 일본에 추
월당할지 모른다는 위기감이 팽배했고 '일본 때리기
Japan Bashing'도 유행했다. 그럼에도 "우리가 일본한테
배워야 한다", "도요타 모델이 포드 모델보다 낫다"는
주장이 설득력을 얻었다. 하지만 지금 미국에서는 중국
한테 배워야 한다는 주장은 사실상 찾기 어렵다. 이 점

이 매우 중요하다. 중국 경제 모델을 따라가고 싶다는 나라는 아프리카나 남미의 몇몇 개발도상국을 빼놓고 없다. 중국이 글로벌 리더가 될 수 있느냐고 묻는다면 나는 없다고 본다. 다시 말해 중국이 미국을 대체할 모델을 제시하기는 어렵다.

안병진   UC샌디에이고 교수이자 중국 전문가인 수전 셔크Susan Shirk의 『오버리치: 중국은 어떻게 평화로운 부상에서 탈선했는가?Overreach: How China Derailed Its Peaceful Rise』를 흥미롭게 읽었다. 셔크는 그간 중국이 서구적 경로로 발전한 것에 대한 순진한 믿음을 반성하면서 중국 체제의 독특한 작동 방식을 잘 분석했다. 후진타오胡錦濤 시절부터 어떤 정치적 과정을 통해 오늘날 시진핑의 노골적인 비자유주의로 공고화되었는지를 탁월하게 분석했다. 나는 중국 공산당 지도부가 미국의 힘을 그토록 과소평가하고, 일찍 발톱을 드러낸 것은 매우 어리석다고 생각한다. 그런 반면에 미국의 대중 정책은 어떻게 보는가?

신기욱   미국에서는 여야, 즉 민주당과 공화당 사이에 중국의 문제에 관해 거의 차이가 없다. 트럼프와 바이든의 대중 정책도 마찬가지다. 오히려 바이든 행정부의 대중 견제 정책은 훨씬 더 촘촘하고 정교해져가고 있다. 토니 블링컨 국무부 장관, 존 설리번John Sullivan 국가안보 보좌관, 커트 캠벨Kurt Campbell 백악관 국가안보회의NSC 인도·태평양 조정관 등은 중국을 잘 아는 베테랑이다. 트럼프의 거친 레토릭은 사라졌지만, 첨단기술 분야의 공급망 재편 등 중국을 견제하기 위한 경제의 안보화를 강화하고 있다. 한국의 동참을 종용하는 것도 이런 맥락이다. 최근 들어 미국 내 중국 투자는 급속하게 줄어들고 있고, 내가 사는 실리콘밸리에서도 스타트업을 비롯해 기술·경제 분야 등에서 중국과 협력하는 것은 조심스러워하는 분위기다.

안병진   한국에서는 '안미경중'이라는 말은 이제는 잘 안 쓰지만, 실질적으로는 안미경중적 사고가 많이 남아 있다. 한쪽에서는 우리 국익 중심으로 모든 것을 판단하자고 주장하고, 한쪽에서는 미국의 질서에 편승해야 한다고 주장한다.

신기욱   냉전시대에는 우리가 어느 편에 서야 할지 고민할 필요가 없었다. 두 진영이 분명하게 나누어졌으니까. 미일 갈등이 있을 때도 안보는 한일 모두 미국에 의존했기 때문에 미국과 일본 사이에서 선택을 해야 하는 걱정은 없었다. 그런데 지금은 미중 사이에서 선택을 해야 하는 상황이 되었다. 미국은 고급 반도체 장비를 중국에 못 팔게 한다. 그러면 낮은 수준의 반도체는 중국에서 생산할 수 있겠지만, 중국에 투자를 많이 했던 삼성전자나 SK하이닉스 등의 고민이 많은 것이다. 이제는 전략적 모호성을 견지하는 것이 어려운 만큼 안미경중의 패러다임을 좀더 세분화할 필요가 있다. 가령 경중에서도 외교안보와 관련된 것은 미국과 함께 갈 수밖에 없지만, 소비재나 관광 등 중국과 함께할 수 있는 부분은 많으니 세련된 전략을 펴야 한다. 그 대신 중국의 핵심 이익은 건드리지 않아야 한다.

안병진   타이완이나 신장위구르 자치구 문제는 건드리지 말아야 하는가?

신기욱   먼저 나서서 중국을 자극할 필요는 없다. 그러나 보편적 가치로서 인권 문제에 관심을 갖는 것이나 타이완 상황에 대비를 하는 것은 중요하다. 한국에서는 아직 논의가 활발하지 않은데, 미국에서 큰 화두 중 하나가 중국이 수년 내 타이완에 들어갈 것이냐 하는 문제다. 2024년 1월에 국민당이 선거에서 이기면 좀 달라질 수 있지만, 시진핑 임기인 5년 안에 타이완에 들어

갈 확률이 크다고 본다. 그래서 미국에서도 시뮬레이션을 많이 하고 있다. 타이완을 둘러싼 군사적 충돌이 생길 때 미국에 가장 중요한 게 일본 오키나와다. 오키나와를 중심으로 미국이 타이완해협의 제공권을 장악하면 이길 수 있다는 것이다. 단 일본의 전폭적인 지지가 필요하다. 그러면 한국은 어떻게 되느냐는 것인데, 북한이 가만히 보고 있을까? 북한이 전면전까지는 안 하더라도 국지전을 하게 되면 주한미군을 묶어두는 측면도 있고…… 미국의 여론 또한 미국이 두 개의 전쟁을 동시에 수행할 수 있느냐에 대한 의문을 갖게 될 것이고…… 그래서 상황이 굉장히 복잡해질 것이다. 한국도 대비책을 갖고 있어야 한다.

안병진   문재인 정부의 편향적 외교안보가 그런 점에서 한계가 있었다. 북한 문제에 집착을 했지만 별 성과가 없었고, 미국이나 일본과는 어려움을 겪었다. 반대로 윤석열 정부는 미국에 올인하는 느낌이다. 윤석열 정부는 또 다른 편향을 보이고 있는데, 그래서 문재인 정부의 오류를 답습하고 있다는 비판이 나온다.

신기욱   지금은 상황이 훨씬 더 복잡해졌고 한가하게 논쟁이나 하고 있을 때가 아니다. 윤석열이 정치적 리스크를 감수

지식인의 역할과 민주주의의 미래

하면서 일본 기시다 후미오^{岸田文雄} 총리를 만나고 한미일 공조를 연일 강조하는 것은 타이완이나 북한 문제 등 동북아시아의 중요한 갈등 국면을 준비하는 측면도 있지 않나 생각한다. 일부에서는 중국이 타이완에 무력을 행사하거나 북한이 한국에 군사적 행동을 할 리가 없다고 하는데, 나는 동의하지 않는다. 푸틴이 우크라이나를 침공할 때도 절대 그럴 리 없다고 했던 사람이 많았다. 그런데 어떤 일이 벌어졌는가? 푸틴은 우크라이나를 러시아 땅이라고 생각하고 이를 회복했다는 유산을 남기고 싶은 것이다. 시진핑은 더할 것이다. 당연히 타이완이 중국의 영토이고 이를 회복한 리더로 역사에 남고 싶을 것이다. 6·25전쟁 이후로 70년 동안 동북아시아에 전쟁이 없었고 이 시기에 한국이 도약을 했다. 동북아시아에 군사적 충돌이 생기면 한국은 엄청난 피해를 볼 것이고 이전 상태로 회복하는 것이 쉽지 않을 것이다. 이런 말을 하면 괜스레 불안감을 조성한다고 핀잔을 주기도 하는데, 지금 자칫 방심하면 한국이 중요한 운명에 처할 수도 있다. 그런데도 국론은 분열되어 있고 여야가 죽기 살기로 싸우는 것을 보면 답답하고 안타깝다.

안병진   북한의 핵은 이미 완성 단계이고 미사일 실험은 지속되고 있는데 해법은 없는 건가? 그냥 이대로 가도 되는 건가? 지금까지의 포용과 압박 모두 먹히지 않았다.『중앙일보』칼럼에서 이용준 전 외교부 북핵 대사가 썼는데, 그냥 억지력을 획기적으로 강화하는, 즉 탄도미사일을 지금보다 엄청난 수준으로 강화하면 최소한 북한이 도발하기 힘들다는 이야기를 했는데, 상당히 일리가 있다고 본다.

신기욱   어떻게 보면 두 가지 불편한 현실을 마주해야 한다. 하나는 북한이 핵을 포기하지 않는다는 것이고, 또 하나는 우리가 핵을 현실적으로 보유할 수 없다는 것이다. 그동안 북한의 비핵화를 위해 양자, 다자, 압박, 회유 등도 해보고 트럼프 정부 때 '탑 다운top-down'까지 다해 보았는데 결국은 수포로 돌아갔다. 지금 워싱턴에서는 북한에 대한 관심 자체가 거의 없다. 바이든 행정부에 있는 담당자들로서는 북한 문제를 다루어봐야 결과가 안 나올 게 뻔하니 자신의 경력에 도움이 안 되는 것이다. 일종의 뜨거운 감자라고 피하는 식이다. 결국은 우리가 핵을 포함해 대북 억지력을 최대한 높이면서 대화의 문은 계속 열어둘 수밖에 없다. 답답하지만 뾰족한 방안이 없다.

정치적 리더십과 지식인의 역할

안병진   나는 미국의 대통령제를 전공했지만, 미국 외교의 역사에도 관심이 많다. 지금까지 미국이 베트남이나 아프가니스탄 등에서 해왔던 것을 보면 꼭 합리적이지는 않았다. 타이완을 둘러싼 다양한 지형이 형성되면 미국이 통제할 수 없는 어떤 변수가 생길 것이다. 미국은 자신의 군사력으로 이것을 제압할 수 있다고 믿는 것 같다.

신기욱   미국의 대외정책이 꼭 합리적이지는 않다는 지적에 동의한다. 지금 한국 내 핵 무장론이 매우 높다. 이 여론은 북한의 핵 위협에 대한 우려이기도 하지만, 미국을 정말 믿을 수 있느냐 하는 의구심을 반영한다. 즉, 단순히 북한 핵 위협의 문제가 아니라 미국의 핵 억지력에 대한 신뢰의 문제이기도 하다. 2023년 4월 윤석열이 미국을 국빈 방문해서 핵협의그룹NCG을 만든 것도 이러한 국내 여론을 반영한 것이다. 그 대신 미국은 한국이 핵개발을 하지 않겠다는 약속을 받아냈다. 엄밀히 대차대조표를 따져보면 사실상 미국으로서는 이익을 본 것이다. 한국인들이 잊어서는 안 되는 게 미국은 제국주의라는 엄연한 사실이다. 정말로 미국의 국익과 부딪히면 어떻게 될까? 내가 미국이 동북아시아에서 두 개의 전쟁을 할 수 있냐는 질문을 던지는 이유가 결정적인 상황에서 미국은 철저하게 국익에 따라 행동할 것이고 이 과정에서 한국은 소외될 수도 있기 때문이다. 지금은 의도하지 않았지만 예측하지 못했던 상황 전개에 따라 그럴 수 있다. 그러니까 냉혹한 국제사회의 현실을 직시해야 한다는 말이다.

안병진   미제국주의론을 신봉하는 좌파는 제외하고, 미국의 자유주의 체제가 훌륭하다고 이야기하는 한국의 지식인들은 미국도 어떤 형태든 일종의 제국주의라고 이야기하지 않는다. 토크빌도 미국을 단순하게 찬양하지 않았다. 그는 미국 민주주의의 미래에 대해 비관적이기도 했다. 그래서 내가 선생님을 토크빌이라고 하는 것이다.

신기욱   나는 미국이 역사상 가장 세련된 제국을 운영하고 있다고 생각한다. 이를 위해 세계은행도 만들고 평화 봉사단도 만들었다. 그러면서 가장 강력한 군사력을 보유하고 있고, 전쟁도 가장 많이 했다. 그래서 미국이 가진 양면성, 즉 자유주의 체제와 제국주의적 성격을 동시에 잘 봐야 한다는 것이다. 한국의 좌파들은 미국이 제국주의이기 때문에 뭐든지 다 할 수 있다고 말하고, 우파들은 제국주의가 아니라고 항변한다. 둘 다 현실을 직시하지 못하는 편향적인 사고다.

안병진   연세대학교 김호기 교수와 함께 편집한『한국 민주주의의 위기』에서도 일관되게 '민주주의의 쇠퇴'라는 화두를 던졌다. 지금도 이 추세는 가속화하고 있는가?

신기욱   나는 문재인이 대통령에 당선되었을 때 한국 민주주의가 성숙할 수 있는 절호의 기회라고 보았다. 탄핵 이후에 혼란스럽고 갈라진 사회를 통합할 수 있을 거라는 기대가 많았다. 그런데 거꾸로 갔다. 그냥 이념적 좌파주의가 되어버렸다. 문재인 정부는 '적폐청산'이라는 프레임을 통해 한국 사회를 선과 악으로 구분하고 반대파는 모두 적폐로 몰아 처벌하려고 했다. 그래서 내가 가랑비에 젖어가던 민주주의가 소나기를 맞을 수 있다고 경고했던 것이다. 윤석열 정부 들어 소나기는 그친 것 같은데, 여전히 흐리고 언제 맑을지는 불투명하다고 잠정적인 결론을 내렸다. 어쨌든 더 나빠지지 않는다는 것에 동의를 하는데 그다지 낙관적으로 보지 않는다. 1년이 지난 지금까지 윤석열 정부와 여야의 모습을 보면 민주주의가 발전하고 있다고 보기 어렵다.

안병진   나는 미국의 리버럴리즘에 대해 굉장히 비판적이다. 그럼에도 한국처럼 압축 성장한 나라와 다른 힘이 있다는 것을 느꼈다. 예를 들어 바이든은 3번 연속 선거에서 리버럴리즘의 원칙을 지키면서도 사실상 이겼다. 문재인 정부는 자유주의의 가치를 지키면서 한국 사회를 한 단계 업그레이드시켜야 하는데 실패했고, 윤석열 정부에서는 자유를 계속 외치지만 자유주의와 헌정주의 원칙을 지킨다고 보기는 어렵다. 한국 민주주의의 미래는 소나기는 그쳤지만, 불투명하다는 말인가?

신기욱　소나기는 멈추었지만 아직도 흐리다. 다시 소나기가 내릴 수도 있다는 것이다.

안병진　한국 사회의 리버럴리즘의 발전에 대해서는 낙관적인가?

신기욱　그렇다. 어찌 보면 한국 사회에서 파워 그룹들이 권력을 한 번씩 가졌다. 군인들이 좀 오래갔다. 이제는 군인들이 권력을 갖기 어렵다. 그다음에 등장한 것이 운동권이다. 운동권도 상당한 권력을 가졌고, 문재인 정부 때 최정점을 이루었다. 그래서 이들이 권력이 너무 커지니 거기에 취해 자유민주주의를 경시했던 것이 아닌가 싶다. 이제는 운동권이 다시 권력을 잡는 것은 어렵다고 본다. 마지막 남은 권력 집단이 검찰인데 아마 윤석열 정부에서 정점을 찍은 후 검찰의 힘은 상당히 약

화될 것이다. 검찰과 정치는 다르기 때문에 윤석열 정
부가 기대만큼 잘하기는 어렵다고 본다.

안병진   그러면 기존의 엘리트 집단들에 비해 우리나라 시민들
이 위대한 점이 있다. 그럼 그다음의 엘리트 집단은 좀
리버럴한 집단이 될 수 있을까?

신기욱   군인, 운동권, 검찰 모두 결속력이 엄청난 배타적 권력
집단이다. 이제는 권력을 잡을 만한 그런 집단은 없지
않을까? 노조가 나올 수도 없고…….

안병진   민주당과 국민의힘 양당에 대한 실망감이 너무 커졌다.
그래서 지금이야말로 젊은 세대들이 오바마나 마크롱
처럼 새로운 지도자를 만들어내고 대안 정치세력을 형
성할 조건이 형성되어 있다. 그러나 아쉽게도 젊은 세
대들은 서로 연대하거나 큰 판을 만들어낼 만한 힘은
없는 묘한 상황이다.

신기욱   그런 배타적인 결속력을 가진 집단들이 약화되고 나면
좀더 리버럴한 성향의 여러 세력이 나오지 않을까? 좀
더 자생적이면서 협력도 하고……. 카리스마를 가진 지
도자보다는 소통과 협치를 중시하는 새로운 리더십이
나올 것이다.

안병진 내가 너무 한국 사회에 깊숙이 결박되어 있으니 좀 비관적인가?

신기욱 그 심정은 이해하는데 장기적으로는 서서히 나아지지 않겠느냐 하는 기대도 있다. 일단 소나기가 멈추었고, 흐린 날씨가 한동안 지속되겠지만, 그래도 다시 소나기가 오기보다는 조금씩 구름이 걷히면서 맑은 날씨를 기대할 수 있지 않을까? 굳이 비유하자면 배타적이고 결속력이 강한 권력 집단을 먹구름이라고 한다면 소나기를 뿌린 후 하나씩 사라지거나 약화될 것이다.

안병진 한국 사회에 앞으로 제일 중요한 것은 무엇인가? 미중 갈등 속의 안보 이슈나 정치적 양극화와 같은 국내 이슈도 그렇고 아직 자유주의적인 가치를 가진 세력도 형성되지 않았다. 기후위기 같은 실존적 이슈가 닥쳐오고, 고등교육은 대학 평가에만 올인하고 있다. 한국 사회는 그에 대한 대비도 되어 있지 않다. 특히 한국의 경제가 요즘 심상치 않다. 지식인과 정치권에서 무엇을 해야 하는가?

신기욱 여러 과제와 도전이 있지만 결국은 정치적 리더십과 지식인의 역할이 가장 중요하다. 지금 한국의 지식인들이 너무 정치화되어 있고, 진영 논리에 갇혀 있다. 소신 있는 주장을 하기보다는 알게 모르게 자기 검열을 하게 되고……. 권력에서 자유로운 지식인 사회가 활성화되어야 미래가 있는데, 사실 지식인의 정의가 그것이다. 한국의 지식인들이 정치권력과 거리를 두고 활발하게 토론하고 비판하며 대안을 제시하는 공론장을 만들 수 있어야 한다. 그래야만 새로운 정치세력이 나올 수 있는 토양이 만들어질 것이다. 약간 추상적이지만, 이외에 다른 무엇을 구체적으로 제시하기가 좀 어렵다.

안병진　향후 연구 주제와 계획은 무엇인가?

신기욱　2023년 여름 오픈을 목표로 스탠퍼드 넥스트 아시아 폴리시 랩Stanford Next Asia Policy Lab을 만들고 있다. 한국을 비롯해 아시아가 지난 수십 년간 경제 등에서 눈부신 발전을 해왔는데, 이제 여러 가지 한계에 부딪치고 있다. 정치, 경제, 안보, 인구학적 위기 등 복합 위기를 맞고 있다. 그래서 아시아가 다음 단계next asia로 나가기 위해서는 무엇을 해야 하는지 고민하고 있다. 이 랩에서는 추상적이고 아카데믹한 주제보다는 좀더 실질적인 문제를 다루면서 정책적 함의도 이끌어내려고 한다. 구체적으로는 주제를 4개로 나누었는데 첫째는 인적 자원의 개발, 둘째는 민족주의·인종차별주의, 셋째는 미국과 아시아의 관계, 마지막은 민주주의 문제다. 이 랩을 통해 아시아의 연구소나 학자들과의 교류도 활성화하고 차세대 연구자들도 키우고 싶다. 내 커리어가 10~15년 정도 남았다고 보면 이 랩이 마지막 프로젝트가 되지 않을까 싶다. 스탠퍼드대학에 한국학 프로그램도 만들었고, 아시아태평양연구소 소장도 거의 20년 하면서 많은 프로젝트를 했지만 그래도 나는 행정가보다는 연구자나 지식인으로 기억되고 싶다.

안병진은 경희대학교 미래문명원 교수다. 미국 뉴스쿨 대학원New School for Social Research에서 로널드 레이건과 빌 클린턴 전 대통령을 비교한 박사학위논문으로 정치학 박사학위를 받았으며, 이 논문으로 한나 아렌트상을 수상했다. 생태 문명의 전환을 추구하는 '지구와사람'에서 바이오크라시Biocracy 회장을 맡고 있으며, 미국과 한국의 정치에 대한 다양한 이슈를 다루고 있다. 저서로는 『미국은 그 미국이 아니다』, 『트럼프, 붕괴를 완성하다』, 『예정된 위기』, 『미국의 주인이 바뀐다』 등이 있다.

Ajantha Subramanian, 『The Caste of Merit: Engineering Education in India』, Harvard University Press, 2019.

Alice Amsden, 『Asia's Next Giant: South Korea and Late Industrialization』, Oxford University Press, 1989.

AnnaLee Saxenian, 『The New Argonauts: Regional Advantage in a Global Economy』, Harvard University Press, 2006.

Ernest Gellner, 『Nations and Nationalism』, Cornell University Press, 1983.

Ezra Vogel, 『Japan as Number One』, Harvard University Press, 2014.

Francis Fukuyama, 『The End of History and the Last Man』, Free Press, 1992.

Katherine Phillips, 「How Diversity Makes Us Smarter」, 『Greater Good Magazine』, Sept. 2017.

Larry Diamond, 『Ill Winds: Saving Democracy from Russian Rage, Chinese Ambition, and American Complacency Saving Democracy from Russian Rage, Chinese Ambition, and American Complacency』, Penguin Press, 2019.

Liah Greenfeld, 『Nationalism: Five Roads to Modernity』, Harvard University Press, 1992.

Scott Page, 『The Difference: How the Power of Diversity Creates Better Groups, Firms, Schools, and Societies』, Princeton University Press, 2009.

Shin, Gi-Wook, 「South Korea's Democratic Decay」, 『The Journal of Democracy』 31-3, July 2020.

Shin, Gi-Wook, 『Global Talent: Skilled Labor as Social Capital in Korea』,

Stanford University Press, 2015.

Shin, Gi-Wook·Kim, Ho-Ki (eds)., 『South Korea's Democracy in Crisis: The Threats of Illiberalism, Populism, and Polarization』, Shorenstein Asia-Pacific Research, 2022.

그레이엄 앨리슨, 정혜윤 옮김,『예정된 전쟁: 미국과 중국의 패권 경쟁, 그리고 한반도의 운명』, 세종서적, 2018년.

기디언 래크먼, 최이현 옮김,『더 스트롱맨: 민주주의를 위협하는 지도자들의 시대』, 시공사, 2023년.

김구,『백범일지』, 돌베개, 2005년.

대니얼 벨, 이상두 옮김,『이데올로기의 종언』, 범우, 2015년.

레스터 서로, 지철민 옮김,『제로섬 사회: 분배와 경제 변혁의 가능성』, 한마음사, 1999년.

로버트 킹, 김수경 옮김,『북한 인권과 불처벌의 관행: 로버트 킹 미국 북한 인권 특별대사 회고록』, 한국과미국, 2022년.

로버트 킹·신기욱,『북한의 난제: 인권과 핵안보의 균형』, 북한인권정보센터, 2022년.

마이클 벡클리·할 브랜즈, 김종수 옮김,『중국은 어떻게 실패하는가: 미중 패권 대결 최악의 시간이 온다』, 부키, 2023년.

브루스 커밍스, 김범 옮김,『한국전쟁의 기원』(전3권), 글항아리, 2023년.

스티븐 레비츠키·대니얼 지블랫, 박세연 옮김,『어떻게 민주주의는 무너지는가: 우리가 놓치는 민주주의 위기 신호』, 어크로스, 2018년.

신기욱, 송승하 옮김,『하나의 동맹 두 개의 렌즈: 새 시대의 한미 관계』, 한국과미국, 2010년.

신기욱, 이진준 옮김,『한국 민족주의의 계보와 정치』, 창비, 2009년.

야스차 뭉크, 함규진 옮김,『위험한 민주주의: 새로운 위기, 무엇이 민주주의를 파괴하는가』, 와이즈베리, 2018년.

얀 베르너 뮐러, 노시내 옮김,『누가 포퓰리스트인가: 그가 말하는 '국민' 안에 내가 들어갈까』, 마티, 2017년.

조지프 나이, 윤영호 옮김,『권력의 미래: 소프트 파워 리더십은 어떻게 세상을 바꾸는가?』, 세종서적, 2021년.

카를 포퍼, 이한구 옮김,『열린사회와 그 적들』, 민음사, 2006년.

카터 에커트, 주익종 옮김,『제국의 후예: 고창 김씨가와 한국 자본주의의 식민지 기원 1876~1945』, 푸른역사, 2008년.

프랜시스 후쿠야마, 이수경 옮김,『존중받지 못하는 자들을 위한 정치학: 존엄에 대한 요구와 분노의 정치에 대하여』, 한국경제신문, 2020년.

민주주의의 모험

ⓒ 신기욱, 2023

초판 1쇄 2023년 6월 21일 찍음
초판 1쇄 2023년 6월 30일 펴냄

지은이 | 신기욱
펴낸이 | 강준우
기획·편집 | 박상문, 김슬기
디자인 | 최진영
마케팅 | 이태준
인쇄·제본 | 제일프린테크

펴낸곳 | 인물과사상사
출판등록 | 제17-204호 1998년 3월 11일

주소 | (04037) 서울시 마포구 양화로7길 6-16 서교제일빌딩 3층
전화 | 02-325-6364
팩스 | 02-474-1413

www.inmul.co.kr | insa@inmul.co.kr

ISBN 978-89-5906-692-6 03300

값 18,000원